메타버스 마케팅 광고 미디어 가능성

메타버스 마케팅 광고 미디어 가능성

발행일   2023년 8월 4일

지은이   김건하, 정새힌
펴낸이   손형국
펴낸곳   (주)북랩
편집인   선일영   편집   정두철, 윤용민, 배진용, 김부경, 김다빈
디자인   이현수, 김민하, 김영주, 안유경, 최성경   제작   박기성, 구성우, 변성주, 배상진
마케팅   김회란, 박진관
출판등록   2004. 12. 1(제2012-000051호)
주소   서울특별시 금천구 가산디지털 1로 168, 우림라이온스밸리 B동 B113~114호, C동 B101호
홈페이지   www.book.co.kr
전화번호   (02)2026-5777   팩스   (02)3159-9637

ISBN   979-11-6836-856-9 03320 (종이책)   979-11-6836-857-6 05320 (전자책)

(주)북랩 성공출판의 파트너

북랩 홈페이지와 패밀리 사이트에서 다양한 출판 솔루션을 만나 보세요!

홈페이지 book.co.kr   •   블로그 blog.naver.com/essaybook   •   출판문의 book@book.co.kr

작가 연락처 문의 ▸ ask.book.co.kr

작가 연락처는 개인정보이므로 북랩에서 알려드릴 수 없습니다.

메타버스 마케팅
광고 미디어 가능성

김건하, 정재현 지음

북랩

인터넷이 막 등장하고 닷컴버블이 발생했을 때를 기억하시나요? 닷컴버블은 인터넷 분야의 성장으로 관련 주식 가격이 급속한 상승을 한 1995년부터 닷컴버블이 붕괴한 2001년까지 약 6년간의 거품 경제 현상입니다. 당시 벤처기업의 약 60%가 인터넷 관련 기업일 정도로 인터넷 발전과 성장에 대한 광적인 믿음이 높았습니다. 누구든 인터넷에 홈페이지를 생성하여 어떠한 사업을 시작한다면 큰돈을 벌 수 있을 것이란 기대가 있었죠. 그러나, 당시의 닷컴버블은 막연한 밀레니얼 시대에 대한 기대감에 의한 것이었습니다. 구체적으로 인터넷으로 무엇을 할지, 인터넷의 등장으로 세상이 어떻게 바뀔지 등에 대한 이해가 부족했던 것이죠. 투자자들은 내용을 모른 채 막연히 인터넷이라는 이름이 붙으면 투자하기 시작했고 그 엄청난 투자량이 버블을 만들어 낸 것입니다. 그 결과 몇 년 뒤 버블이 사라지며 코스닥 지수는 빠른 속도로 떨어지기 시작했고 많은 실업자를 양산했습니다. 그렇다면 과연 인터넷은 정말 버블이었을까요?

당시 인터넷 버블은 카카오, 네이버, 엔씨소프트, 다음, 미국의 아마존, 구글 등 오늘날 국내, 그리고 세계를 주름잡는 굵직한 기업들을 만들어 냈죠. 구글은 닷컴버블이 한창이던 1998년 태동한 뒤 오늘날 유튜브라는 최대 광고 미디어를 보유하게 되었고 인터넷 검색, 광고, 스마트 기기 등 IT 시장의 강자로 올라섰습니다. 그리고 네이버는 국내 대표적인 검색광고 포털이 되었고 카카오는 카카오 유니버스라는 말이 나올 정도로 다양한 산업에서 성공적인 사업을 만들어 내고 있습니다. 그리고 닷컴버블의 주역인 인터넷은 모든 광고의 시작점이 되었습니다. 다시 한번 생각해 보겠습니다. 과연 인터넷, 실업자를 낳은 버블이었을까요? 아니면 새로운 기회의 시작이었을까요?

오늘날 메타버스, NFT에 대한 열풍은 과거 인터넷의 등장과 유사합니다. 혼동 속에서 한쪽에서는 메타버스가 버블이라고 외치고 있고, 다른 한쪽은 메타버스를 바탕으로 새로운 비즈니스의 기회를 모색하고 있습니다. 어쩌면 오늘날 메타버스를 기반으로 미래를 준비하는 기업 중 제2의 카카오, 네이버, 구글, 아마존이 탄생하지 않을까요? 그리고, 메타버스는 인터넷을 이을 새로운 광고 미디어가 되지는 않을까요? 단 우리는 닷컴버블을 기억하며 메타버스의 문제점에 대해 철저히 대비하고 메타버스의 활용 방법을 익혀야 합니다. 준비 없이 미래를 마주한다면 또 다른 메타 버블을 낳을 것입니다. 메타버스에 대한 이해를 높이고 다가올 세상의 리더가 될 분들에게 이 책이 도움이 되었으면 합니다.

2023. 8.

서울 서대문구 안산을 바라보며

목차

III. 메타버스의 기반

Ⅳ. 메타버스, 광고 미디어로써의 가능성

I

경영, 마케팅, 프로모션, 광고, 미디어의 이해

경영, 마케팅, 프로모션, 광고, 미디어의 관계

경영, 마케팅, 프로모션, 광고, 미디어의 관계

광고 미디어에 대한 이해를 돕기 위해서 우선 경영학, 마케팅에 관한 얘기를 간단히 하겠습니다. 기업의 활동을 분석 대상으로 하는 학문을 경영학이라고 합니다. 경영학의 세부 분야는 생산 및 운영관리, 마케팅관리, 인적자원관리, 재무관리를 비롯하여 회계, 경영정보, 국제경영 및 국제통상 분야까지 포함합니다. '마케팅'이란 고객에게 제품이나 서비스를 제공하고, 이를 통해 강한 유대관계를 구축하며, 그 대가로 고객으로부터 가치(가격, 충성도, 우호적 구매 후기 등)를 획득하는 일련의 과정을 의미합니다.

마케팅을 잘하기 위해선 고객 가치 지향적인 마케팅전략을 수립해야 합니다. 고객 가치 지향적인 마케팅전략은 자사의 고객이 누구인지를 분명히 하는 활동인 시장세분화 및 시장 표적화와 그 고객에게 자사의 제공물을 어떻게 제공할 것인가에 관련된 활동인 차별화 및 포지셔닝으로 구성됩니다. 마케터는 제한된 자원을 활용하여 시장에서 경쟁해야 합니다. 그리고 경쟁에서 승리하기 위해 성별과 연령 등을 활용하여 시장을 세분화(segmenation)하고, 세분화된 시장 중에서 자사가 경쟁력을 확보할 수 있다고 판단되는 특정 시장을 표적화(targeting)해야 합니다. 또한 마케터는 경쟁우위를 확보하기 위하여 제품과 서비스를 차별화(differentiation)하고, 고객의 인식 속에 자사의 제품과 서비스가 자리 잡도록 유도하는 포지셔닝(positioning) 활동을 합니다.

마케터는 표적시장의 고객으로부터 기대하는 반응을 창출하기 위해 통제 가능한 도구들을 사용하는데 이러한 도구들의 집합을 마케팅 믹스(marketing mix, 4Ps)라고 합니다. 마케팅 믹스는 제품(product), 가격(price), 유통(place), 촉진(promotion)으로 분류할 수 있습니다. 마케터는 마케팅 믹스와 관련된 다양한 활동을 수행하고 있습니다. 그중에서 마케터가 수행하는 촉진(promotion) 활동의 주요 수단으로는 광고(advertising), 판매촉진(sales promotion), 인적판매(personal selling), PR(public relations), 다이렉트 및 디지털 마케팅(direct and digital marketing) 등이 있습니다. 이러한 촉진수단들의 집합을 프로모션 믹스(promotion mix)라고 부르기도 합니다. 또한, 마케터가 수행하는 이러한 촉진활동들은 고객과의 의사소통 및 고객관계관리 차원에서 잘 통합되어 관리될 필요가 있습니다. 그래서, 커뮤니케이션 이론을 바탕으로 촉진활동을 통합 조정 관리하고자 하는 하므로 통합 마케팅 커뮤니케이션(Integrated Marketing Communication, IMC) 관리라고도 부릅니다. 위에서 언급한 경영학의 주요 분야, 마케팅 믹스, 그리고 프로모션 믹스의 관계를 [그림 1]에서 제시해 두었습니다.

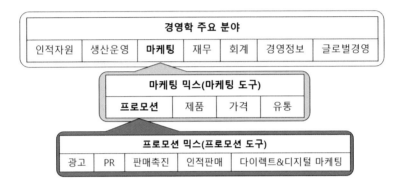

[그림 1] 경영학, 마케팅 믹스, 프로모션 믹스의 관계

마케터의 임무 중 하나는, 타겟 고객과의 끊임없는 의사소통을 통한 고객 관리입니다. 마케터는 신규고객 창출뿐만 아니라, 기존 고객의 이탈을 방지하고 고객 만족도를 제고시키면서 고객 집단의 충성도를 높이도록 관리해야만 합니다. 왜냐하면, 고객 집단의 크기와 충성도 수준이 기업 수익 창출의 기반이 되기 때문입니다.

또한, 마케터는 통합 마케팅 커뮤니케이션을 잘하기 위해, ① 타겟 오디언스 결정, ② 커뮤니케이션 목표 수립, ③ 메시지 설계, ④ 커뮤니케이션 채널과 미디어 선택, ⑤ 메시지 원천(전달자) 선택, ⑥ 피드백 수집이라는 일반적인 관리 과정을 거칩니다. 이 책에서 논하고자 하는 미디어는 네 번째 과정인 커뮤니케이션 채널과 미디어 선택과 관련이 깊습니다.

마케터는 이러한 통합 마케팅 커뮤니케이션 관리 과정하에서 프로모션 믹스 중 특히 광고에 관한 의사결정과정을 수행하게 됩니다. 광고에 관한 의사결정과정은 ① 목적설정(커뮤니케이션 목적, 매출목표), ② 예산결정, ③ 메시지 결정(메시지 전략, 메시지 실행) 및 미디어(media) 결정(영향력 및 인게이지먼트, 주요 미디어 유형, 미디어 비클(media vehicle), 미디어 타이밍), ④ 광고평가(커뮤니케이션 영향력, 매출 및 수익 영향력, 광고수익률)의 네 단계로 구성됩니다. 이 책에서 논하고자 하는 광고 미디어는 세 번째 과정인 메시지 결정 및 미디어 결정과 관련이 깊습니다. 이때, 메시지 결정은 메시지 전략과 메시지 실행으로 구성됩니다. 그리고, 미디어 결정은 미디어의 영향력 및 인게이지먼트, 주요 미디어 유형, 미디어 비클(media vehicle), 미디어타이밍을 함께 고려합니다. 종래에는 메시지가 결정되고 미디어를 선정하는 경향이 있었으나, 최근에는 미디어의 중요성이 부각되어 메시지 결정과 미디어 결정을 동시에 고려할 필요성이 부각되고 있습니다.

그리고 마케터는 시장을 세분화하고, 그중에서 경쟁자보다 효과적이고 효율적으로 커버할 수 있는 세분시장을 선정해야 합니다. 이때 선정된 세분된 시장을 타겟마켓(표적시장)이라고 합니다.

그리고 그 타겟마켓을 구성하고 있는 고객이 바로 타겟고객(target customer, 표적고객)입니다. 이러한 타겟고객의 전체 또는 일부를 대상으로 마케터가 특정한 시점에 특정한 목적을 가지고 커뮤니케이션하고자 할 때, 그 대상이 되는 고객을 타겟 오디언스 (target audience)라고 할 수 있습니다. 타겟고객, 타겟오디언스, 미디어오디언스의 관계를 [그림 2]에서 표현하고자 합니다. 타겟고객 중에서 커뮤니케이션의 대상이 되는 고객을 타겟 오디언스라고 생각하면 되겠습니다. 한편, 미디어 오디언스(media audience)는 미디어를 중심으로 볼 때 특정 미디어에 노출되거나 시청하는 고객 집단을 의미합니다. 그러므로, 타겟고객 또는 타겟 오디언스에게 커뮤니케이션하기 위해서는, 하나의 미디어 내 오디언스로 충분할 수도 있고, 복수의 미디어로 커버되는 복수의 미디어 오디언스가 필요할 수도 있습니다.

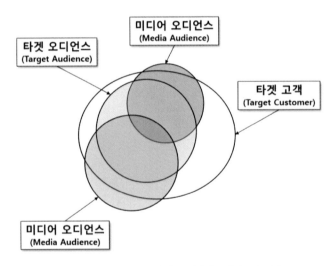

[그림 2] 타겟고객, 타겟 오디언스, 미디어 오디언스의 관계

메타버스 마케팅 광고 미디어 가능성

IMC 의사결정과정의 타겟 오디언스 결정과 커뮤니케이션 목표

기업의 마케터는 통합 마케팅 커뮤니케이션 의사결정과정 중 첫 번째인 타겟 오디언스를 결정하게 됩니다. 타겟 오디언스 결정은 그 뒤 일어나는 결정에 많은 영향을 미칩니다. 즉, 무엇을 말하고, 어떻게 말하고, 언제 어디서 말하고, 누가 말할 것인가에 대한 결정들에 영향을 미칩니다.

두 번째는, 커뮤니케이션 목표를 수립하는 과정입니다. 마케터가 타겟 오디언스와 커뮤니케이션하는 목표는 구매반응을 유도하는 것입니다. 그러나, 타겟 오디언스의 구매 결정은 고객의 지속적인 경험 속에서 일어납니다. 따라서 구매 결정을 보다 광범위한 고객 여정(customer journey) 속에서 이해할 필요가 있습니다.

고객의 구매 여정(customer journey)은 시대에 따라 변화되어 왔습니다. 1890년대에는 AIDA 모델이 대표적이었습니다. AIDA 모델은, 고객은 상품을 인지(Awarness)하고, 흥미(Interest)를 느낀 뒤 욕구(Desire)가 발생하고 그 뒤에 구매(Action)한다는 소비자 행동 모델입니다. 1900년대에는 AIDMA 모델이 대표적이었습니다. 이는 고객의 행동이 '인지(Awarness)-흥미(Interest)-욕구(Desire)-기억(Memory)-구매(Action)'의 단계로 이루어진다는 것으로, 과거의 AIDA 모델과 달리 '기억'의 단계가 추가된 모델입니다. 예를 들어, 잡지 광고에 여러 번 노출되고 흥미와 욕구를 느낀 후 시간이 흘러 대형마트에 방문하고, 대형마트에서 상품을 고르던 중 예전 광고에서 본 상품을 기억하고 구매하는 것입니다. 그리고 2000년대부터 인터넷이 활성화되며 소비자 행동 모델의 형태는 크게 변화하기 시작했고, AISAS 모델이 등장합니다. AISAS 모델은 '인지-홍미-검색(Search)-구매-공유(Share)'의 5단계로 이루어집니다. 즉 과거와 달리 고객은 제품에 대한 홍미를 느끼면 바로 구매하지 않고 검색을 통해 타인의 의견, 상품의 후기 등을 보고 구매한다는 것입니다. 그리고 구매의 뒤에는 자신이 검색단계에서 보았던 상품의 후기처럼, 자신도 인터넷에 상품의 후기를 올립니다. 좋은 상품이 판매되면 자연스럽게 인터넷을 기반으로 하는 구전이 탄생하였기에 마케터는 구전을 통해 광고비를 아낄 기회를 얻은 것입니다. 최근 마케터는 소비자의 구매 여정인 AISAS 모델을 이해하고, 자사의 고객이 현재 어떤 상태와 단계에 머물러 있는지를 조사 및 파악한 후에 커뮤니케이션 목표를 수립해야만 합니다. 그리고 커뮤니케이션 목표 결정은 이후의 메시지 및 미디어 전략으로 일관성 있게 연결되어야 합니다.

그렇다면 가까운 미래의 고객 구매 여정 모델은 어떻게 될까요? 홍미로운 점은, 향후 고객들이 메타버스에서 모든 일상 활동을 영위하는 시대가 도래한다는 것입니다. 그렇게 된다면 고객의 구매 여정에 따라 커뮤니케이션 목표가 수립되거나 광고 미디어가 세분화되는 것이 아닌, 메타버스 내에서 아바타의 움직임과 여정에 따라 전략과 미디어가 결정될 것입니다. 그러므로, 메타버스 세계에서 아바타로 표현될 다중적인 행동뿐만 아니라 비대면적 특성으로 인한 적극적인 행동 특성 등이 구매여정 모델에 반영되어져야 할 것으로 기대됩니다.

광고 의사결정과정의 광고 미디어 선정에 대한 이해

광고 의사결정과정의 세 번째 단계인 메시지 결정 및 미디어 결정 중 미디어 결정에 관해 설명하겠습니다. 미디어 결정의 주요 과정은 ① 도달률, 노출 빈도, 영향력, 참여율 등 결정, ② 주요 미디어 유형 결정, ③ 일반적인 미디어 유형 내의 구체적인 미디어를 일컫는 구체적인 미디어 비클(media vehicle) 결정, ④ 미디어 타이밍 결정 등으로 구성됩니다.

첫째, 마케터는 광고의 목표를 달성하는 데 필요한 광고 효과 지표를 결정해야 합니다. 소비자와의 쌍방향적인 소통이 불가하던 과거에는 노출, 클릭 등의 단편적인 수치만으로 광고 효과를 측정할 수밖에 없었습니다. 그러나 디지털 시대로 변화하며 인게이지먼트의 개념이 등장합니다. 디지털 시대의 도래로 인게이지먼트(engagement)의 개념이 중요해지면서 광고의 효과 측정 방법도 변화하였습니다. 인게이지먼트란 사전적인 의미로는 '무언가에 몰입하다'라는 뜻이며, 광고에 대한 관심도와 참여도를 직접적으로 측정할 수 있는 개념입니다. 예를 들어 광고에 '좋아요'를 누르거나 댓글을 달거나 공유할 수 있습니다. 이러한 인게이지먼트를 측정하기 위한 기준으로는 좋아요, 댓글, 공유, 콘텐츠 저장, 클릭 등이 있습니다. 그리고 마케터는 소비자의 관심과 참여도를 측정하기 위해 더욱 높은 수준의 인게이지먼트 측정이 가능한 미디어를 선택할 필요가 있습니다.

둘째, 마케터는 광고 미디어의 유형을 결정해야 합니다. 광고 미디어란 '잘 만들어진 광고 메시지를 타겟 오디언스(target audience: 광고 대상)에게 도달시키기 위한 매개체'를 의미합니다. 마케터로서 미디어에 대한 이해는 필수적입니다. 아무리 맛있는 빵을 만들더라도 밀가루를 먹지 못하는 사람에게 건네준다면 단 한 개도 팔지 못할 것입니다. 아무리 맛있는 파스타를 만들더라도 포장마차에서 판매하면, 레스토랑에서 판매하는 것보다 훨씬 판매가 여러 울 것이죠. 그리고, 소비자에게 나쁜 인식이 있는 상점에서 파스타를 판매한다면 소비자는 그 파스타에 대해서도 낮은 신뢰를 갖게 될 것입니다. 이처럼 단 하나의 음식을 판매하기 위해서라도 우리는 음식을 원하는 사람은 누구인지, 그들이 모여 있는 장소는 어디인지, 그리고 어떤 미디어를 통해서 어떤 방식으로 전달해야 그들이 구매할 것인지를 생각해야 합니다. 이러한 과정은 타겟 오디언스에게 광고 메시지를 건네주는 광고 미디어의 선정과도 직결되는 의사결정들입니다.

셋째, 미디어 비클(media vehicle)을 결정해야 합니다. 하나의 광고 미디어에는 다양한 비클이 존재합니다. 예를 들어 TV에는 다양한 방송 채널이 존재하고, 유튜브에는 여러 유튜브 채널이 있습니다. 그리고 미디어 비클에 따라, 소비자 집단의 특성이 달라질 수 있습니다. 물론 미디어 별 소비자 유형의 특징보다는 차이가 적겠지만 구체적인 전략 수립을 위해선 타겟 오디언스의 특성과 미디어 비클에 노출되는 오디언스의 특성과의 관련성 높아지도록 선정하여야 합니다.

넷째, 미디어를 결정했다면, 미디어 타이밍을 결정해야 합니다. 게임을 론칭한다고 한다고 가정해 보겠습니다. 론칭 전에는 보다 많은 사람에게 자사의 게임을 알릴 필요가 있습니다. 그리고 처음 노출시키는 것인 만큼 신뢰도 높은 미디어를 사용해야 합니다. 신뢰도를 확보했다면 이후 론칭 당일에는 폭발적인 다운로드 수를 확보해야 합니다. 이때는 전환 목적에 용이한 미디어에 광고를 노출시킬 필요가 있습니다. 게임 산업뿐 아니라 모든 산업에 있어서 미디어 타이밍의 선정은 중요한 고려 요소입니다. 미디어 타이밍에 따라 캠페인의 성공 여부가 결정될 수도 있을 정도로요.

지금까지 미디어 결정의 주요 과정에 대해 소개해 드렸습니다. 다음으로는, 미디어 결정에 영향을 미칠 수 있는 또 다른 요소인 광고 미디어에 대한 이미지와 플로우에 대해 말씀드리겠습니다.

광고 미디어에 대한 이미지 인식과 플로우

광고 미디어에 대한 소비자의 인식을 이해하는 것은 전략수립에 있어 중요한 요소입니다. 상상해 보겠습니다. 당신은 카메라를 판매하는 회사에 다니고 있습니다. 그러던 어느 날 상사로부터 광고 미디어 전략수립을 위한 제안서를 작성하라는 요청이 왔습니다. 미디어에 대한 가이드를 확인하기 위해 인터넷을 서핑하던 중 우연히 뉴스가 눈에 들어옵니다. 뉴스에선, 최근 경기도에 사는 김○○ 씨가 틱톡에 올릴 목적의 영상을 촬영하다가 추락사하는 사고가 발생했다고 합니다. 당신은, 2월에 운영할 광고 미디어로 틱톡을 리스트에 포함시킬 것인가요? 아마 아닐 것입니다. 최근 발생한 사고로 인해 틱톡이라는 미디어에 대해 가지는 소비자의 인식이 좋지 못할 것이기 때문이죠. 더욱이 홍보하고자 하는 카메라라면 아마 다른 광고 미디어를 찾아 떠날 것입니다.

이처럼 광고의 콘텐츠, 타겟뿐 아니라 소비자가 광고 미디어에 대해 갖는 인식 또한 중요합니다. 사건·사고라는 단어가 주는 부정적인 느낌뿐 아니라. TV가 주는 신뢰도 높은 이미지, 그리고 SNS가 주는 사교적인 이미지, 메타버스가 주는 혁신적인 이미지는 고스란히 그 미디어를 사용하는 광고에도 전이됩니다. 메타버스 플랫폼을 이용하던 중 광고가 나타난다면, 우리는 광고를 운영하는 기업이 신세대적이거나 혁신적이라고 자연스럽게 생각하게 될 것입니다.

플로우(flow)란, 직역하면 '흐름'을 의미합니다. 이는 광고가 광고의 배경이 되는 미디어 내 콘텐츠와 자연스럽게 어우러지는 정도를 의미합니다. 예를 들어, 유튜브에서 여행 콘텐츠를 보던 중 여행 상품 광고가 등장하면, 우리는 해당 광고와 광고를 싣는 콘텐츠 간에 플로우가 높다고 인지합니다. 그러나, 게임을 하던 중 게임과 전혀 무관한 광고가 갑자기 등장한다면, 게임에 대한 욕구도 감소하고 광고에 대해서도 부정적으로 느낄 것입니다. 따라서 마케터는 플로우를 높이기 위해 광고가 노출되는 배경에 관심을 기울여야 합니다. 드라마 나 영화에 자주 등장하는 PPL(Product PLacement) 광고에서도 마찬가지입니다. 드라마의 장면과 전혀 관련 없는 제품이 PPL로 등장한다면 우리는 드라마에 대한 몰입도가 낮아지고, 광고의 대상이 되는 제품에 대한 감정도 저하되곤 합니다. 다양한 광고 미디어에서는 이를 이해하고 맞춤형 상품을 제공하고 있습니다. 한 예로 구글에서는 콘텐츠 타겟팅이라는 광고 타겟팅 기능을 제공합니다. 이는 광고가 노출되기를 원하는 콘텐츠를 입력하면 해당 콘텐츠에만 광고가 노출되도록 하는 기능입니다.

인게이지먼트의 등장, 그리고 소비자와 상호작용이 가능한 인터넷 광고의 등장, 소비자 구매 여정의 변화 등으로 인해 광고 미디어의 무게중심은 변화하기 시작했습니다. 과거 TV, 라디오 등의 올드 미디어(old media) 또는 레거시 미디어(legacy media) 중심의 시대에서 오늘날에는 SNS 광고 중심으로 그 무게가 변화한 것이죠. 그리고 우리는 메타버스를 중심으로 다시 한번 광고 미디어의 중심이 변화되는 시기를 맞이할 것입니다. 그럼, 전통 4대 미디어, 뉴미디어, 메타버스 미디어 등 미디어의 정의와 유형에 대해 알아보고 메타버스 광고 미디어가 가지는 효과와 중요성에 대해 말씀드리겠습니다.

미디어 정의, 유형, 광고 미디어

미디어란, 정보, 소식, 아이디어, 엔터테인먼트 등을 전달하고 공유하는 물리적 또는 기술적인 매개체를 의미합니다. 미디어는 사람들 사이의 의사소통을 가능하게 하며, 다양한 형태와 형식으로 존재합니다. 미디어의 주요 목적은 정보와 아이디어를 대중에게 전달하고 영향력을 행사하는 것입니다. 그리고 미디어는 문화 형성에 큰 역할을 합니다. 최근에는 단방향적인 정보 전달뿐만 아니라 양방향 의사소통을 가능하게 하는 기능도 갖추고 있습니다. 인터넷과 SNS는 이러한 양방향 의사소통을 촉진하는 플랫폼으로 큰 역할을 하고 있습니다. 미디어는 또한 엔터테인먼트를 위한 미디어로도 사용됩니다. 영화, 드라마, 음악, 게임 등은 사람들에게 즐거움과 휴식을 제공하며 문화 산업의 일부분으로 발전해 왔습니다. 미디어는 사회와 개인의 삶에 많은 영향을 미치기 때문에, 정보의 정확성과 다양성, 의견의 다양성 등을 유지하고 중립적인 입장을 유지하는 것이 중요합니다. 또한, 미디어 소비자는 비판적인 사고를 갖고 정보를 검증하고 이해하는 능력을 발전시키는 것이 필요합니다.

　알타미라 동굴 벽화에서부터 세계 최고(最古) 금속활자본인 직지심체요절의 발명, 전신 및 전화의 발명, 컴퓨터와 인터넷의 발명, 각종 플랫폼의 출현, 스마트폰을 활용한 SNS와 같은 모바일 환경, 메타버스의 등장에 이르기까지 미디어는 인간의 기록과 기술 발전과 함께 발전해 왔습니다. 다만, 이 책에서는 미디어를 기업이 고객과의 의사소통을 위해서 개발, 도입 및 활용하는 다양한 매개체로 정의하고자 합니다. 미디어의 유형은 디지털 정보통신 기술의 발전 전후로 나누어 올드미디어와 뉴미디어로 구분하는 것이 일반적입니다. 올드미디어는, 과거의 유산이라는 의미로 레거시미디어(legacy media)라고도 합니다. 올드미디어의 대표적인 예는 TV, 라디오, 신문, 잡지가 있습니다. 뉴미디어(New Media)란, TV, 신문 등 기존의 미디어가 아닌 디지털 정보통신 기술의 발달로 생겨난 새로운 미디어를 의미합니다. 뉴미디어에는 대표적으로 유튜브, 인스타그램, 네이버, 메타버스가 있습니다. 뉴미디어의 가장 큰 특징으로는 '쌍방향 소통', '생산의 자유화', '비 동시화'가 있습니다. 다음으로는 뉴미디어와 올드미디어에 대해 구체적으로 소개해 드리겠습니다.

올드미디어

어릴 적 가족이 거실에 모여 TV를 보던 순간, 밤에 자기 전 듣던 라디오, 친구와 빌려보던 잡지, 그리고 아버지 <u>어깨</u> 너머로 보던 신문을 기억하시나요? 그러나 오늘날 10대는 과거와 달리 전통 4대 미디어에 관심을 기울이지 않게 되었습니다. 오늘날 10대의 미디어 이용률은 모바일을 중심으로 이루어지고 있습니다. 한국언론진흥재단에서 2020년 10대 청소년을 대상으로 미디어 이용실태를 조사한 결과, 10대 청소년의 미디어 이용률은 모바일(97.2%), TV(81.8%), PC(68.7%), 라디오(16.5%), 잡지(8.8%), 종이신문(7.8%)으로, 모바일이 가장 높았습니다. 그리고, 전통적인 4대 미디어의 비중은 지속적으로 감소하는 추세입니다. 그러나 이와 같은 하락세에도 불구하고 기존 4대 미디어를 통한 광고는 사라지지 않을 것으로 예측됩니다. 그 이유는 4대 미디어만이 가진 미디어의 효과와 특성이 존재하기 때문입니다. 다음으로는 전통적인 4대 미디어의 속성에 대해 알아보겠습니다.

신문

4대 미디어 중 가장 오래된 미디어이며 한때 광고 비용 중 가장 큰 비중을 차지했던 미디어입니다. 신문은 오래된 미디어이고 언론사를 통해 광고하는 만큼 높은 신뢰성을 갖고 있습니다. 물론 현재는 신문의 독자 수가 많이 감소했으나, 여전히 신문은 높은 광고 효과를 가집니다.

신문은 다양한 장점을 갖고 있습니다. 우선 지역 신문을 통해 지역에 대한 선별적 노출이 가능합니다. 그리고 신문은 활자가 인쇄된 텍스트 중심에 이미지가 추가된 형태의 미디어로서, 신문에 게재된 광고는 가정에 오랜 시간 놓여있는 경우가 많아 일회성인 TV

[그림 3] 신문 (출처: Pixabay)

광고에 비해 광고의 수명이 길다는 장점이 있습니다. 또한 잡지만큼은 아니지만, 경제지, 학술지, 전문지, 종합지 등 다양한 신문의 유형이 존재하기 때문에 각 신문을 구독하는 구독자의 성향을 바탕으로 하는, 즉 미디어 오디언스의 특성을 기반으로 광고의 오디언스 타겟팅이 효과적이고 효율적입니다. 마지막으로, 신문 광고는 다른 광고에 비해 광고를 싣기까지의 소요 시간이 적어 빠른 광고 노출이 가능하다는 장점이 있습니다. 다만, 신문은 종이로 이루어져 있어서 미디어의 질적 수준을 유지하기 어렵다는 단점이 있습니다.

잡지

잡지는, 광고와 콘텐츠 간에 분간이 어려운 미디어로, 광고에 대한 집중도가 높은 미디어입니다. 그리고 하나의 잡지를 한 번만 보지는 않기 때문에 높은 회독률을 보여줍니다. 리더(고객 정보) 확보도 용이한데, 예를 들어 다양한 브랜드들은 잡지에 있는 빙고 게임, 이벤트 등을 통해 구독자의 정보를 수집하기도 합니다. 잡지는 집에 놓여있는 신문과 마찬가지로 비교적 광고의 수명이 길다는 장점이 있고, 제작물의 질적 수준도 신문과 비교했을 때 높습니다. 추가적으로 인쇄의 질이 높기 때문에 고급스러운 이미지와 강한 임팩트의 전달이 가능합니다. 또한, 잡지는 비교적 상세한 정보가 적혀있는 미디어입니다. 따라서 브랜드나 제품에 대한 상세한 정보의 전달에도 용이합니다. 그리고 잡지의 미디어 오디언스 중 다수는 잡지의 구독자로, 잡지의 주제에 있어서 고관여 소비자입니다. 따라서 잡지와 관련된 광고를 삽입할 시 고관여 소비자를 대상으로 손쉽게 광고를 노출할 수 있습니다. 잡지의 종류는 여성지, 패션지, 주부지, 리빙지, 육아지, 남성지, 시사지 등 매우 다양하기에 오디언스 타겟팅이 용이합니다. 예를 들어 남성 타겟의 잡지에는 운동 관련 제품, 남성용품 등의 광고를 실을 수 있고 여성 타겟의 잡지에는 화장품, 여성용품 등의 광고를 배치할 수 있습니다. 다만, 잡지는 구매해서 읽는 경우 미디어의 비용이 많이 들고, 하나의 잡지에도 수많은 광고가 노출되어 있어 주의를 끌기 어렵다는 단점이 있습니다. 최근에는 다중이용시설(카페, 병원, 도서관, 미용실, 교통수단 등)에서 킬링타임용으로 읽는 경향이 있어서 타겟 오이언스를 분

[그림 4] 잡지 (출처: Pixabay)

석할 때 참고할 만합니다. 잡지 광고의 광고 형태로는 표지에 돌출되어 높은 주목도를 보이는 표지 돌출광고, 잡지 내지 광고, 기사형 광고, 샘플 부착형 광고 등이 있습니다. [그림 4]에서 보이는 다양한 잡지들, 한번 읽어보고 싶어지지 않나요?

라디오

라디오는, 최초의 방송 미디어이며 4대 미디어 중 유일한 비 시각적인 미디어입니다. 오로지 청각에만 의존하는 미디어이기 때문에 소비자의 상상력을 자극할 수 있습니다. 청취자의 입장에서는 다른 작업을 수행하면서 동시에 청취할 수 있는 장점이 있고, FM라디오 같은 경우에는 깨끗한 음질로 음악을 함께 즐길 수 있다는 장점이 있습니다.

휴대용 라디오가 발전되어 있어서 대국민 재난방송 등의 공적인 미디어로서의 장점도 있습니다. 그리고 다른 미디어보다 다소 간략한 메시지를 함축적으로 전달하기에 용이합니다. 또한, 미디어 비용이 저렴하다는 장점이 있고, 저렴한 비용으로 인해 반복 노출이 수월합니다. 따라서 TV나 신문의 보조 미디어로 활용되는 경우가 많습니다. 특히 TV 광고에 사용하는 CM(Commercial Message)과 동일한 CM을 라디오로 송출시킴으로써 반복 효과에 의한 광고 인지도 증대 목적으로 많이 사용되죠. 또한, 출퇴근 길의 직장인을 대상으로 다른 광고와의 경쟁이 비교적 덜한 상황에서 광고의 노출이 가능합니다. 다만 단점도 존재합니다. 우선 TV와 마찬가지로 광고가 송출되는 시간이 매우 짧아 광고에 많은 내용을 담기 어렵습니다. 그리고 시각적인 요소를 사용하지 못하기 때문에 광고의 구성에 한계가 있으며, TV와 비교했을 때 절대적으로 노출되는 미디어 오디언스의 수가 부족합니다.

[그림 5] 라디오(출처: Pixabay)

TV

TV는 전통적인 4대 미디어 중 단언컨대 가장 파급력이 높은 미디어입니다. 단시간 내에 전국적인 파급력의 행사가 가능하며, TV라는 큰 화면에서 반영되는 광고는 규모에서 오는 주목성과 TV 방송이라는 신뢰감이 있습니다. 또한 타 미디어 대비 1인당 도달 비용이 저렴한 편이고 프로그래밍 타겟팅을 통해 프로그램 특징에 맞춘 광고의 노출이 원활합니다. 예를 들어 스포츠 관련 드라마의 앞뒤에 광고가 노출되도록 타겟팅할 수 있고, 월드컵 시즌에 특정 시간에만 광고를 노출할 수도 있습니다. 다만, 프로그래밍 타겟팅은 가능하나 아직까지 개별 시청자를 연령, 성별, 관심사 등에 따라 분류하여 타겟팅하기에는 한계가 있습니다. 그리고 광고의 제작 비용과 절대적인 미디어 비용이 많이 들어서 중견, 대기업이나 국가기관이 아니라면 쉽게 시도하기 어려울 수 있습니다. TV의 가장 적대적인 요소 중 하나는 바로 리모컨입니다. 소비자는 리모컨을 통해 너무나도 쉽게 광고를 건너뛸 수도 있고 보지 않기를 선택

[그림 6] TV(출처: Pixabay)

할 수도 있습니다. 광고의 스킵이 수월하다는 점은 광고 기획에 있어서는 커다란 단점이 됩니다. 따라서 광고 기획자는 타겟 오디언스들의 주의와 흥미를 유발시키기 위해 수많은 아이디어(크리에이티브 광고)를 짜내고 있습니다.

뉴미디어의 출현과 메타버스의 광고 미디어로써의 가능성

평범한 20대의 하루

현재 우리는 4대 미디어를 거쳐 뉴미디어와 메타버스가 도래한 사회에 살고 있습니다. 오늘날 우리는 하루 동안 어떤 미디어를 접하고, 얼마나 많은 양의 광고에 노출될까요? 평범한 20대 민수의 하루를 들여다보겠습니다.

7시   아침에 일어나 유튜브를 키자, 유튜브 메인화면에 제약회사의 광고가 노출됩니다. 민수는 이를 무시하고 해외축구 김민재를 검색! 검색하자 또다시 검색창 최상단에 축구화, 축구공 등 관련 상품에 대한 쇼핑 광고에 노출됩니다. 그리고 김민재 선수의 축구 영상을 클릭합니다. 클릭하자 또다시 영상의 맨 앞에 광고가, 그리고 영상을 보던 중 중간에 광고가 그리고 마지막에 광고가 총 세 번의 영상 광고에 노출됩니다. 그리고 조금씩 끊겼지만, 만족스럽게 김민재 선수의 하이라이트 영상을 봤습니다.

7시 30분 식사하며 네이버 뉴스를 시청합니다. 네이버 메인화면, 네이버 뉴스 중간마다 광고에 노출되었습니다.

8시 컴퓨터를 켜고, 가상 오피스에 출근합니다. 오늘은 고객사 미팅이 있는 날이기에 깔끔한 아바타 정장을 차려입습니다.

8시 10분 아바타 정장을 입자 나타나는 가상 전광판 광고. 광고에는 미팅의 목적과 고객사의 성격을 입력하라는 메시지가 나타납니다. 그리고 이를 입력하자, 광고는 제게 최적의 가상 정장을 추천해 줍니다. 중요한 미팅인 만큼 최적의 가상 정장을 구매해 입습니다.

9시 가상 정장을 입고 가상 오피스에 도착! 다른 직원의 평범한 아바타 정장을 보니, 오늘 가상 정장을 구매하기 잘한 것 같습니다.

10시 기다리던 미팅 시간, 10명의 아바타가 한자리에 모입니다. 그리고 민수는 가상의 강당 가운데에 PPT를 띄워놓고 신제품을 소개합니다. 그리고 제품 소개에 만족한 고객사 직원은 아바타로 점프하며 기분 좋은 감정을 표시합니다.

12시 점심시간. 배달 음식을 주문하고자 합니다. 배달 애플리케이션을 키자 수많은 음식점 홍보 광고를 마주합니다. 그리고 오늘의 컨디션과 어제 먹은 식사를 입력하자, 배달 애플리케이션은 돈가스를 추천해 줍니다. 돈가스가 당긴 민수는 돈가스를 주문합니다. 그리고 30분 뒤 기다리던 돈가스가 도착합니다. 맛있는 돈가스를 먹고 힘내서 퇴근 시간까지 업무에 집중합니다.

19시 퇴근 후 친구와 저녁 식사를 하러 외출합니다. 저녁 식사 메뉴를 고르기 위해 네이버 지도를 열자, 네이버 플레이스 광고가 나타납니다. 그리고 음식점의 평점을 보자, 소문으로 보이는 가짜 리뷰들이 나타납니다. 리뷰를 헤치고 선택한 메뉴는 닭갈비입니다.

19시 30분 닭갈비 집에 도착합니다. 음식점의 벽면에는 다양한 소주의 광고가 붙어있습니다. 광고를 보다가 가장 맛있는 소주를 선택하고 한잔합니다.

22시 맛있는 식사를 마친 후 택시를 잡습니다. 택시를 부르기 위해 애플리케이션을 키자, 택시 호출 앱에도 많은 광고가 등장했습니다. 그리고 저렴한 택시를 불렀는데, 저렴한 택시를 누르자 더욱 비싼 택시를 부르면 빨리 온다는 배너 광고가 송출됩니다.

22시 10분 멀리서 달려오는 택시. 택시의 머리 위에는 게임 옥외광고가 붙어 있습니다. 그리고 주변 건물을 바라보자 무수히 많은 양의 옥외광고에 충격을 받습니다. 그대로 집으로 향하는 발걸음.

23시 하루 동안 있었던 일을 생각하고 반성합니다. 그리고 가상 세계에서 아바타를 활용하여 하고 싶은 말도 마음대로 표현하고, 내일을 계획과 마음가짐에 대한 일기를 씁니다. 마지막으로 가상 세계의 친구들과 이별을 고하고 졸리는 현실로 돌아옵니다.

　민수가 오늘 시청한 광고의 수는 몇 개일까요? 인지하지 못한 광고까지 무수히 많은 광고가 있을 것입니다. 사람은 일반적으로 하루에 약 3,000개의 광고에 노출된다고 합니다. 이러한 무수한 광고의 홍수 속에서 소비자에게 효과적으로 광고를 노출하기 위해선 소비자에게 적합한 광고를 알맞은 장소에서 노출하는 등 보다 창의적이고 적절한 미디어 전략이 필요합니다. 그리고 메타버스는 이 것을 실현해 줄 도구가 될 것입니다. 메타버스 속 아바타를 통해 상호작용성이 높은 광고가 가능할 것이고, 기존의 디지털 광고와는 차별화된 공간에서 광고의 송출이 가능할 것입니다. 그리고 가상인플루언서와 메타버스 하드웨어 기기는 낮은 비용으로 실감 나는 광고를 연출하는 데 도움을 줄 것입니다. 그럼, 4대 미디어 이후 등장한 뉴미디어와 메타버스 광고 미디어에 대해 본격적으로 알아보도록 하겠습니다.

뉴미디어의 출현

　뉴미디어(new media)란, TV, 신문 등 기존의 미디어가 아닌 정보
통신 기술의 발달로 생겨난 새로운 미디어를 의미합니다. 뉴미디어
의 가장 큰 특징으로는 '쌍방향 소통', '생산의 자유화', '비 동시화'
가 있습니다.

　첫째, 쌍방향 소통입니다. 과거 올드미디어가 소비자에게 일방적
으로 광고 메시지를 전달했다면, 뉴미디어에서는 소비자와 쌍방
소통이 가능하고, 소비자가 주체가 되어 타인에게 특정 기업의 브
랜드 메시지를 전파하기도 합니다. 또한 소비자가 먼저 브랜드에
의견을 개진하여 브랜드의 상품, 서비스 등을 변화시키기도 하죠.
쌍방향 소통이 가능해지자 소비자는 적극적으로 의견을 개진하기
시작했고, 기업과 소비자의 관계에서 소비자의 무게가 더욱 높아지
는 계기가 되었습니다.

　둘째, 생산의 자유화입니다. 뉴미디어는 누구나 콘텐츠를 생산할
수 있는 환경을 조성했습니다. 콘텐츠 플랫폼들은 플랫폼의 성장
을 위해 콘텐츠 제작과 업로드 과정을 최대한 쉽게끔 업데이트하
고 있죠. 최근에는 유튜브나 인스타그램 등 SNS에 일반인이 올린
콘텐츠가 브랜드 전문가가 올린 것보다 더 큰 관심을 받기도 합니
다. 그러자 더욱더 많은 사람이 콘텐츠를 생산하기 시작했고 전례
없이 많은 양의 콘텐츠가 생산되는 시대가 찾아왔습니다.

　셋째, 비 동시화입니다. 과거 우리는 TV 프로그램의 상영시간에

맞춰 TV 앞으로 쪼르륵 달려가 앉곤 했습니다. 그리고 라디오 시
간을 맞추고자 저녁을 일찍 먹기도 했고 잡지를 구매하고자 잡지
를 판매하는 서점을 찾아 돌아다니기도 했습니다. 즉, 정보의 전달
자와 수용자가 반드시 동시에 참여해야 하는 환경이었죠. 하지만
뉴미디어가 도래하며 미디어 수용에 있어 시공간의 제약은 극복되
었습니다. 길을 걸으면서도 유튜브를 통해 원하는 시간에 원하는
콘텐츠를 시청하고, 따로 종이 신문을 받지 않아도 온라인 신문에
접속해 전자 신문을 보기도 합니다.

　다음으로는 대표적인 뉴미디어인 유튜브, 인스타그램, 네이버, 메
타버스에 대해 알아보겠습니다.

[그림7] 뉴미디어(출처: Pixabay)

유튜브

유튜브는 2005년 2월 자베드 카림, 채드 헐리, 스티븐 천이 창립한 동영상 기반의 미디어입니다. 2005년 4월 23일에 Me at the zoo라는 최초의 영상이 업로드되며 본격적인 서비스가 시작되었고, 2006년 10월 구글은 유튜브의 가능성을 예견하며 16억 5천만 달러의 가격으로 인수했습니다. 이로부터 약 15년이 지나 오늘날 Youtube는 시청률 91%로, 가장 높은 시청률을 가진 광고 미디어로 성장했습니다. 유튜브는 동영상 광고 시장을 선두하고 있습니다. 국내 동영상 광고 시장에서 압도적인 1위를 수년째 차지하고 있고 2021년 6월 동영상 광고비는 643억으로 동기간 2위인 페이스북(248억)과 2배 이상 차이가 났습니다. 이러한 성공에는 유튜브의 빅데이터가 있습니다. 유튜브는 빅데이터를 기반으로 고객의 성향을 분석해 구매 가능성이 높은 고객을 타겟으로 광고를 송출하는 방식을 채택하였습니다. 타겟팅 또한 정교하여 소비자의 지역, 성별, 관심사 등을 기준으로 하여 선별적인 광고 노출이 가능합니다.

유튜브에서 가장 흔히 볼 수 있는 광고 형식은 트루뷰 인스트림(Trueview In-stream)광고입니다. 이는 유튜브 영상이 재생되기 전, 중간, 끝에 재생되는 동영상 광고로 나타나고 사용자가 광고를 끝까지 시청할지, 5초 후 skip 버튼을 통해 광고 시청을 중단하고 동영상 콘텐츠를 시청할지 결정할 수 있도록 하는 광고 형식입니다. 유튜브 광고는 댓글, 좋아요 등 쌍방 소통이 가능하다는 것이 가장 큰 장점입니다.

인스타그램

인스타그램은 2010년에 개발자 케빈 시스트롬과 마이크 크리거가 개발한 SNS입니다. 출시 이후 빠르게 성장하던 인스타그램은 2012년에 페이스북에 인수되었고 오늘날 세계 최고 수준의 SNS로 등극하였습니다. 사람들은 인스타그램에 모여 게시물을 공유하고 타인의 게시물에 감정표현을 하기도 하며 교류를 즐깁니다. 그리고 젊은 세대가 많이 포진해 있기에 어쩌면 국내에서 가장 유행에 민감하다고 할 수 있을 정도로 최신 유행 패션, 콘텐츠, 밈 등을 확인할 수 있는 공간이죠. 마케터는 인스타그램 내 다양한 위치에 광고를 노출할 수 있습니다. 노출 가능 지면으로는 게시물이 올라가는 피드, 탐색 탭, 릴스, 스토리 등이 있습니다. 그리고 광고의 형식으로는 사진 광고, 동영상 광고, 캐러셀 광고, 컬렉션 광고 등이 있습니다.

인스타그램은 2019년 서울 반포 한강공원에서 기자 간담회를 실시했습니다. 그리고 이곳에서 전 세계 13개국 만 13~64세 연령 약 2만 명을 대상으로 한 소비자 조사를 공개했습니다. 조사 결과 약 92%가 인스타그램에서 상품을 접하고 구매 관련 행동을 한 경험이 있고 85%는 인스타그램에서 제품에 대한 자세한 정보를 검색한 경험이 있다고 답하며 인스타그램의 구매 전환적 효과를 증명하였습니다. 이용자의 연령층도 공개되었습니다. 하루에 여러 차례 인스타그램을 이용한다고 답한 이용자를 연령별로 나누었고 18~24세(57%), 25~34세(54%), 35~44세(39%), 45~54세(30%), 55세 이상(15%)으로 집계되었습니다. 그리고 인스타그램 이용자가 가장 높은 관심을 보이는 주제는 여행(54%)이 가장 높았고, 그 뒤를 영화(50%), 패션(46%), 음악(43%), 뷰티(34%), 식음료(32%)가 이었습니다. 또한 인스타그램 이용자에게 인스타그램에서 노출되는 브랜드에 대한 인식을 물어본 결과 인기 있는 브랜드(76%), 재미있는 브랜드(75%), 정보를 주는 브랜드(72%), 창의적인 브랜드(70%) 등으로 인식한다고 답했습니다. 이는 인스타그램에서 노출되는 브랜드는 인스타그램이라는 미디어의 후광효과를 받고 있기 때문으로 추정됩니다.

인스타그램에서 운영되는 광고는 다른 SNS와 비교해 볼 때 비교적 피로감이 적은 광고에 속합니다. 그 이유는 인스타그램 내 광고는 다른 게시물과 유사한 형태를 띠고 있으며, 광고도 인스타그램 미디어의 성격과 같이 재미있는 광고, 웃긴 광고 등 엔터테인먼트적 광고가 많기 때문입니다.

네이버

여러분은 검색이 필요할 때 주로 어떤 사이트에 접속하시나요? 아마 구체적인 정보의 습득이 필요하거나 해외 정보를 얻고자 할 때 구글을 사용하고, 정보가 필요하지만 놀고도 싶을 때, 재미있는 콘텐츠를 접하고 싶을 때는 네이버에 접속할 것입니다. 네이버는 크롤링 및 색인 생성에서는 구글만큼 좋지는 않다는 평이 대부분입니다. 그러나 네이버의 검색 알고리즘이 한국어를 중심으로 구축되어 있기에 한국인을 대상으로는 더 편안하고 맞춤화된 정보 제공이 가능하다는 장점이 있습니다. 그리고 네이버의 메인 화면에는 연애, 패션, 스포츠 등 다양한 내용을 주제로 하는 재밌는 콘텐츠가 있습니다. 네이버는 2022년 1분기 국내 검색엔진 점유율 64.76%로 구글(27.00%), 다음(6.54%), 줌(0.35%), 네이트(0.25%)를 제치고 부동의 1위를 차지하였습니다. 검색엔진 점유율 국내 압도적 1위인 만큼, 네이버의 핵심 수익원은 검색광고라고 할 수 있습니다.

2021년 검색광고로 얻은 이익은 2조 4,026억으로 네이버 전체 매출의 30%를 넘었습니다. 그리고 검색광고 매출과 디스플레이 광고의 매출을 합하면, 광고 매출은 네이버 매출의 절반을 차지합니다. 2021년 이후에는 네이버에서 디스플레이 광고의 비중은 감소했지만, 검색광고의 비중은 계속해서 증가했습니다. 이는, 기업이 코로나 등으로 경기가 악화할수록 구매 전환에 도움이 되는 검색광고의 비중을 늘리고 노출과 브랜딩에 효과적인 디스플레이 광고를 줄이는 선택을 하는 경향이 있기 때문입니다. 네이버는 검색광고에 강점이 있는 미디어인 만큼 광고의 종류도 다양하게 구성되어 있습니다. 대표적으로는, 사이트 검색광고, 쇼핑 검색광고, 콘텐츠 검색광고, 브랜드 검색광고, 신제품 검색 광고, 플레이스 광고, 지역 소상공인 광고가 있습니다.

메타버스의 등장과 광고 미디어로써의 가능성

메타버스는 아바타, 메타버스 환경 및 경험이 제공하는 몰입과 역동성, 참여 가능성 등의 특성을 바탕으로 새로운 광고의 시대를 예고하고 있습니다. 그리고 메타버스가 실현해 줄 가장 효과적인 광고로는 참여형 광고가 있습니다. 소비자가 브랜드의 무언가를 실제로 경험해 보고, 체험해 보는 것은 단순히 광고를 보거나, 광고에 좋아요, 댓글을 다는 것보다 훨씬 높은 수준의 참여입니다. 과거에 브랜드는 소비자의 참여를 유도하고자 현실에 전시회를 열기도 하고 이벤트를 통해 브랜드의 체험을 시켜주기도 했습니다. 그리고 체험한 소수의 소비자는 브랜드에 애착을 갖게 되고 헤비 유저가 되어 브랜드의 생애 가치를 높이는 데 기여했죠. 또한 브랜드에 애착을 형성한 소비자는 타인에게 브랜드를 추천해 주기까지 했으니 결코 밑지는 장사가 아니었을 것입니다. 그럼에도 시간적, 공간적 한계로 인해 적극적으로 소비자의 체험을 유도하는 데에는 어려움이 있었습니다. 그러나 메타버스의 등장으로 기업은 새로운 가능성을 보았습니다. 가상공간에 브랜드의 체험 공간을 마련하여 소비자를 그곳으로 불러 모으는 것입니다.

현실에서는, 체험 공간에 소비자를 제한된 인원과 시간에 한정해 초대할 수 있었다면 메타버스에서는, 훨씬 많은 소비자를 제한 없는 시간 동안 초대할 수 있습니다. 그리고 가상에 체험 공간을 설치하는 것이기에 비용적인 부담도 적어집니다. 현재 이러한 장점으로 인해 패션, 가전, 유통, 뷰티 등 다양한 산업에서는 적극적으로 메타버스에 브랜드와 관련된 가상공간을 구현하고 있습니다.

소비자 초대를 통한 체험 광고뿐만이 아닙니다. 메타버스에 옥외광고, 지면광고를 게재한다면 어떨까요? 기존의 4대 미디어, 그리고 오늘날의 주요한 미디어들에서 측정하지 못했던 높은 수준의 인게이지먼트를 측정할 수 있을 것이고, 상상 이상의 구전효과를 가져올 것입니다. 메타버스 내 광고가 가상이라는 점을 활용해 아바타와 상호작용이 가능하도록 디자인된다면, 우리는 아바타를 통해 광고 상품을 만져볼 수도, 가상으로 사용해 볼 수도 있을 것입니다. 그리고 마음에 드는 광고를 가상공간에서 발견하면 같은 공간에 있는 다른 사람들(아바타)과 즉시 공유를 할 수 있고, 광고가 노출되는 공간에서 즉각적인 교류와 구전이 발생하는 것입니다.

그리고 VR기기를 착용하고 가상 세계에 접속해 광고를 마주한다면 2차원의 디지털 공간에서 구현되던 광고는 잊혀질 것입니다. 훨씬 더 자유롭고 능동적인 디자인의 광고를 마주할 것이죠. VR 기기를 착용하고 가상공간에서 아이템을 습득할 시 내가 입고 있는 가상의 옷이 특정 브랜드를 상징하는 옷으로 바뀔 수도 있습니다. 혹은 가상의 축구게임을 하다가 골을 넣는다면 손에 특정 브랜드의 음료수가 가상으로 나타날 수도 있습니다. 상상만 해도 재미있지 않았나요? 그럼 천천히 메타버스와 메타버스를 활용한 광고에 대해 알아보겠습니다.

Ⅱ

메타버스 이해

01

메타버스란 무엇인가?

    코로나19 팬데믹으로 인해 사람들의 접촉은 갑작스레 줄어들기 시작했습니다. 이에 따라 사람들 사이에서는 사회적 교류에 대한 욕구가 피어났고, 이는 사이버 공간을 통해 해소되기 시작했습니다. 그리고 메타버스가 주목받기 시작한 것이죠. 아직 메타버스가 생소한가요? 괜찮습니다. 메타버스는 생각보다 우리 가까이에 있습니다. 〈매트릭스〉, 〈아바타〉, 〈레디 플레이어 원〉, 그리고 방탄소년단에 대해 들어본 적 있다면, 메타버스는 이미 친숙할 수 있습니다. 방탄소년단은, 온라인 게임 포트나이트에서 다이너마이트 노래를 발표했고, 1999년에는 매트릭스, 2009년 아바타, 2018년 〈레디 플레이어 원〉에서 메타버스가 등장하기도 했습니다. 혹시 해외 가수에 익숙하신가요? 그렇다면 2020년 4월 포트나이트에서 열린 트레비스 스콧의 공연에 대해 들어본 적 있을 것입니다. 당시 1,230만 명이 동시에 접속했고 엄청난 성공을 할 수 있었죠. 그렇다면, 메타버스는 무엇을 의미할까요?

    '메타버스(Metaverse)'는 '뒤에, 넘어서'라는 의미를 가진 'Meta'에

현실 세계를 의미하는 'Universe'가 결합된 단어입니다. 그리고 메타버스의 유형은 '증강현실(Augmented Reality)', '거울 세계 (Mirror worlds)', '가상 세계(Virtual worlds)', '라이프 로깅(Life logging)'의 네 가지로 분류됩니다. 그럼, 메타버스 유형에 대해 하나하나 살펴보겠습니다.

1.1__ 메타버스의 종류

가. 가상 세계(Virtual Worlds)

가상 세계란, 현실과 유사하거나 다른 세계를 디지털로 구현한 것을 의미합니다. 가상 세계는 우리에게 가장 친숙한 메타버스입니다. 누구나 한 번쯤은 해보았을 RPG 게임, 그것이 바로 가상 세계이기 때문입니다. 가상 세계에서 사람들은 물리적, 시간적 제약을 초월해 공간, 시대, 제도 등 모든 것들을 창조할 수 있습니다. 그리고 현실과 달리 아바타를 통해 활동할 수 있기에 보다 자유로운 활동이 가능하죠. 가상 세계는 게임형 가상 세계와 비게임 형 가상 세계로 나누어집니다. 게임 형태 가상 세계로는 리니지, 포트나이트 등이 있고 비게임 형 가상 세계로는 세컨드 라이프가 대표적입니다.

나. 증강현실(Augmented Reality)

증강현실은, 2D 혹은 3D의 가상의 것을 현실 위에 겹쳐 보이게 하여 상호작용하는 것을 의미합니다. 증강현실의 시장 규모가 몇 년이 내 47조 원까지 성장할 것이고 증강현실 광고 시장의 규모는 33조 원으로 성장할 것이라고 예상되는 만큼, 빠른 성장이 예고되는 메타버스입니다. 증강현실 메타버스로는 베지터의 스카우터, 포켓몬고, 스노우가 있습니다. 그럼, 대표적인 증강현실 세 가지에 대해 살펴보겠습니다.

어릴 적 〈드래곤볼〉을 보신 적 있나요? 손오공의 라이벌인 베지터는, 스카우터라는 장비를 착용하고 등장합니다. 그리고 베지터가 상대를 바라보면, 상대의 옆에 전투력, 기술 등이 수치화되어 스카우터를 통해 보여집니다. 베지터는 스카우터를 통해 상대의 전투력을 사전에 파악할 수 있었고, 많은 승리를 거둘 수 있었습니다. 만화 속에서 베지터는, 이미 스카우터라는 AR기기를 활용하고 있었던 것입니다.

포켓몬고는 대표적인 증강현실 게임입니다. 포켓몬고에 접속해 휴대전화로 세상을 바라보면, 휴대전화에서 보이는 현실 위에 가상의 포켓몬이 등장합니다. 그리고 포켓몬에게 몬스터볼을 던지는 동작을 취하면, 일정 확률로 포켓몬이 드랍됩니다.

다음으로는 스노우입니다. 스노우에서 사람들은 다양한 사진과 동영상을 촬영할 수 있습니다. 하지만 이는 단순한 촬영이 아닙니다. 카메라는 현실을 촬영하지만, 휴대전화 화면에는 현실에 AR이 더해져 재미있는 모습의 촬영이 가능해집니다.

[그림 8] AR기기를 착용한 여성(출처: Pixabay)

다. 거울 세계(Mirror Worlds)

거울 세계란, 실제 세계의 데이터를 기반으로 가상에 구현된 확장 세계를 의미합니다. 거울 세계의 예시로는 배달의 민족, 구글어스(Google Earth)가 있습니다. 우선 배달의 민족은 현실의 지도를 보여주되, 지도에서 음식점만이 두드러지게 보이도록 표시되고, 관련 정보가 알기 쉽게 나타나 있습니다. 그리고 음식점 이외에 음식점을 찾는 데 방해되는 정보는 지도에서 제외됩니다. 즉 실제 세계의 데이터를 가공해 디지털로 구현하는 것입니다. 구글어스도 마찬가지입니다. 현실의 지도를 디지털로 옮기되, 사용자가 원하는 정보만이 두드러져 표시되어 있죠. 이 외에도 거울 세계 메타버스로는 카카오택시, 우버, 에어비앤비 등이 있습니다.

라. 라이프로깅(Lifelogging)

라이프로깅 메타버스는 모두가 한 번쯤 경험해 보았을 것입니다. 정보를 기록하고 공유하는 것은 예전부터 우리의 일상이었기 때문이죠. 라이프로깅이란, 사물 혹은 사람에 대한 정보를 디지털화하여 기록하고 공유하는 메타버스를 의미합니다. 여기서 기록이란, 스스로 할 수도 있고, 저절로 될 수도 있습니다. 스스로 하는 기록이라면, 인스타그램, 페이스북에 게시물이나 쇼츠를 올리는 것이 있고 저절로 되는 기록은, 개인의 검색기록, 휴대전화의 위치기록 서비스 등이 있습니다. 이 모든 것이 라이프로깅이죠. 더 나아가 자신의 신체정보, 건강정보를 스마트워치와 같은 웨어러블 기기에 기록하는 것도 라이프로깅에 속합니다.

지금까지 메타버스의 네 가지 유형에 대해 살펴보았습니다. 위 네 가지 유형의 메타버스는 서로 융합되며 발전하고 있습니다. 증강현실과 라이프로깅이 합쳐지기도 하고 가상현실과 라이프로깅, 거울 세계가 합쳐지기도 하죠. MR(Mixed or Merged Reality, 혼합 또는 융합 현실)과 XR(eXtended Reality, 확장현실)그리고 네 가지 메타버스가 적절히 융합된 형태를 완전한 메타버스라고 볼 수 있습니다. 그럼, 다음으로는 메타버스의 특성에 대해 알아보겠습니다.

1.2__ 메타버스의 특성

메타버스의 대표적인 특징으로는 상호작용성과 수익 창출 가능성이 있습니다. 이를 이해한다면, 메타버스에 접속하는 소비자의 접속 의도와 니즈에 대한 이해를 높일 수 있을 것입니다.

가. 상호작용성

메타버스의 첫 번째 특성은 '상호작용성'입니다. 사람들은 SNS를 통해 자신의 사진, 동영상 등을 올리며 타인과 교류하고 관계를 형성합니다. 메타버스에서는 가상으로 사회적 교류가 가능한 만큼 사람들은 SNS와 동일하거나 그 이상의 사회적 교류를 기대할 것입니다. 교류라는 니즈에 맞춰 메타버스는 아바타를 통해 풍부한 감정을 표현할 수 있는 방향으로 진화하고 있습니다. 예를 들어, 이프랜드에서는 아바타를 통해 화내기, 하트, 사랑 등 매우 다양한 감정표현을 할 수 있습니다. 그리고 로블록스는 본래 2차원적 디자인으로 아바타가 구현되어 감정표현에 한계가 있었으나 최근엔 윙크나 웃음, 혹은 눈썹이나 귀를 씰룩거리는 등 다양한 감정표현이 가능하도록 발전하고 있습니다. 뿐만 아닙니다. 직장에서 세대간에 친해지기 어려울 때, 얼굴을 보고 하기 어려운 대화를 하고싶을 때, 다른 사람의 눈치를 보지 않고 얘기하고 감정을 표현하고싶을 때 우리는 메타버스를 찾을 것입니다. 실제로 CJ대한통운은 MZ세대 임직원들과 회사의 대표가 메타버스에서 비실명으로 대화를 갖는 '메타버스 공감 Talk' 행사를 열어 소통의 기회를 얻기도 했습니다. 대한통운 이외에도 최근 다양한 기업은 비대면을 통해 소통의 기회를 만들어 내고 있습니다.

나. 수익창출성

두 번째 특성은 수익창출성입니다. 단순한 게임에 비해 메타버스는 수익을 창출하기 쉽다는 장점이 있습니다. 예를 들어 사람들은 제페토에서 제페토 스튜디오를 활용해 아바타가 입을 수 있는 의류, 신발, 헤어 등을 제작해 판매하기도 하고 로블록스에서 게임을 제작해 수익을 창출하기도 하죠. 실제로 로블록스에서 활동하는 16세 소년인 애먼 런지는, 친구와 게임을 구현해 억대 수익을 창출하기도 했고, 제페토에서 아바타 옷을 만드는 크리에이터 '렌지'는 월 수익 1,500만 원을 내기도 했습니다. 부동산을 통해 수익을 창출할 수도 있습니다. 가상으로요. 디센트럴랜드에서 사람들은 가상부동산을 구매해 비싼 가격에 되팔기도 하고, 자신이 소유한 토지에서 전시회, 공연 등을 열어 수익을 창출하기도 합니다. 이프랜드에서는 월드를 오픈하고, 방문한 사람들에게 '이프랜드 포인트'로 후원을 받을 수도 있습니다. 아프리카TV에서 크리에이터가 별풍선을 받는 것처럼요. 이 외에도 다수의 이용자는 메타버스 서비스 내에서 수익을 창출할 방법을 모색하고 있습니다. 메타버스 서비스 시장이 활성화되기 위해선 크리에이터와 이용자들을 유입할 수 있는 매력적인 콘텐츠뿐만 아니라 수익 창출 가능성이 바탕이 되어야 할 것입니다. 메타버스에서 수익 창출이 가능하다면, 아이들이 집에서 컴퓨터를 오래 하고 있더라도 더 이상 눈치 보지 않아도 되지 않을까요?

위에서 설명한 메타버스의 특성 2가지를 요약하여 표로 나타내면 [표 1]과 같습니다.

[표 1] 메타버스의 2가지 특성

메타버스의 2가지 특성	설명
상호작용성	1. SNS와 동일하거나 그 이상의 사회적 교류가 가능함
	2. 아바타를 통한 다양한 감정표현이 가능함
	3. 비대면으로 감정을 표현하고 소통할 수 있음
수익창출 가능성	1. 단순한 게임과 달리 수익을 창출할 수 있는 잠재력이 있음
	2. 아바타의 의류, 악세사리 등을 제작해 판매하거나, 게임 개발을 통한 수익 창출이 가능함
	3. 가상부동산을 구매하고 전시회나 공연을 개최해 수익을 창출할 수 있음
	4. 창작자는 후원을 받아 수익을 창출할 수 있음

메타버스 마케팅 광고 미디어 가능성

메타버스 플랫폼

2023년 현재 다양한 메타버스 플랫폼이 존재합니다. 그리고 메타버스 플랫폼은 해마다 지속적으로 증가하고, 발전하며 성장 중입니다. 이번 챕터에서는, 각 메타버스의 출시 시기를 거슬러 올라가며 시기별 메타버스 플랫폼에 대해 알아보겠습니다. 시기별 메타버스로는 2000년대 로블록스, 2010년대 마인크래프트, 스노우, 포켓몬고, 포트나이트, 제페토, 2020년대 게더타운, 어스2, 이프랜드, 싸이월드Z, 본디가 대표적입니다.

1.1__ 2006년 ~ 2015년 메타버스

로블록스: 2006년

로블록스 코퍼레이션이 2006년에 출시한 로블록스는 2020년 3

월 뉴욕 증시에 상장하며 코로나 팬데믹 시대 큰 성장을 이루었습니다. 월간 사용자는 약 1억 5천만 명이고, 사용자의 대다수는 미국 10대입니다. 로블록스에서 사용자들은 아바타가 되어 움직이고, 대화하고 게임을 할 수 있습니다. 심지어 테마파크 건설 및 운영, 애완동물 입양, 스쿠버 다이빙도 가상공간에서 경험할 수 있습니다. 로블록스에는 창작과 수익 창출 기능도 있습니다. 로블록스에서 사용자들은 로블록스 스튜디오(Roblox Studio)를 통해 간단한 코딩언어인 루아(Lua)로 직접 게임이나 월드 등 맵을 창작할 수 있습니다. 그리고 클라우드에 게시해 전 세계 사람에게 맵을 공유할 수 있죠. 로블록스에 맵을 만들어낸 개발자는 실제 화폐로 교환 가능한 가상화폐인 '로벅스(Robux)'를 얻을 수 있습니다. 개발자가 만든 맵에서 유저가 들어와 아이템을 구매하는 등 비용을 지출하면 그 일부가 맵 개발자의 수익으로 돌아가는 구조입니다. 이러한 수익 시스템으로 인해 개발자가 지속적으로 늘어나고 있죠. 다만, 제작이 간단한 만큼 로블록스 내 게임은 개인 창작자가 만드는 경우가 많아 완성도가 비교적 낮으며, 문제가 생길 시 대처가 어렵다는 한계가 있습니다. 그러나 이러한 한계점은 점차 해결될 것입니다. 그 이유는 일반 게임과 비교 시 콘텐츠의 수명은 짧지만, 라이브러리가 누적되기에 시간이 지날수록 강력해지기 때문입니다. 콘텐츠가 늘어나면, 사용자 수와 참여 시간이 늘어나고 매출 증대와 제작자의 유입으로 이어집니다. 그리고 또다시 콘텐츠 증가의 선순환이 발생합니다. 거기에 더해 개발자들 간의 경쟁은 점차 치열해

지며 콘텐츠의 수준이 빠르게 증가할 것입니다.

마인크래프트: 2011년 11월

2011년에 출시된 마인크래프트는 자유도 높은 특성을 바탕으로, 빠르게 성장하였습니다. 그리고 9년이 지난 2020년 기준 월 기준 1억 2,600만 명의 이용자가 사용하고 2억 장의 판매량을 기록해 역대 가장 많이 팔린 비디오 게임 중 하나로 꼽힙니다. 마인크래프트는 대표적인 샌드박스(Sendbox)게임입니다. 샌드박스(Sendbox)게임이란, 샌드박스의 의미를 가져와서 '어린이가 모래사장에서 소꿉놀이하듯 자유롭게 콘텐츠를 생산할 수 있는 게임'을 일컫습니다. 마인크래프트 내 세계는 수많은 땅과 숲, 그리고 개척되지 않은 자연이 블록의 형태로 구축되어 있습니다. 이곳에서 사용자는 블록을 활용해 건물을 짓고 물건을 만들고, 게임 속 다른 캐릭터와 교류하며 현실과 다른 새로운 세상을 구축합니다. 마인크래프트는 사용자의 경제활동을 위해 게임 내 마켓플레이스와 자체 통화인 마인코인 등을 제공합니다. 사용자는 직접 만든 아바타의 코스튬이나 맵, 미니게임, 텍스처 팩 등의 마켓플레이스를 통해 판매하고 판매 수익의 일부를 받습니다. 이때 거래는 마켓플레이스 내에서 사용할 수 있는 화폐인 '마인 코인'을 구매하여 거래할 수 있습니다. 마켓플레이스에서 2017년부터 2021년 1월 31일까지 약 10억 개의 콘텐츠가 거래되었으며, 마켓플레이스에 출품한 창작자들은 총 3억

[그림 9] 마인크래프트 청와대 어린이날 행사(출처: 청와대)

5,000만 달러(3,884억 원) 규모의 매출을 얻었습니다. 마인크래프트는 이러한 자체 경제 시스템을 통해 순환되는 경제체제를 확보하려고 노력하고 있습니다.

마인크래프트에서는 현실에서 불가능한 것을 가상으로 구현할 수 있기에 다양한 기업과 기관은 메타버스로 행사를 진행하고 있습니다. 코로나로 인해 개학이 연기되었을 때는 순천향대 등 다양한 대학교가 입학식과 졸업식을 마인크래프트에서 실시하였고, 게임 안에 교실을 만들어 수업하기도 했습니다. 심지어 2020년 5월에는 청와대가 마인크래프트로 가상의 청와대를 구현하여 어린이날 행사를 진행하기도 했습니다[그림 9]. 그리고 인천시는 마인크래프트에 가상의 인천시를 만들고 온라인으로 누구나 자유롭게 인천시를 구경할 수 있게 만들었습니다. 여러분의 브랜드를 마인크래프트에 구현해 보는 것은 어떨까요? 누구나 쉽게 만들 수 있다는 장점이 있는 마인크래프트이기에 보다 적은 준비로 브랜드를 구현할 수 있을 것입니다.

스노우: 2015년 9월

스노우는 2015년 9월 네이버의 자회사인 캠프모바일에서 출시하였습니다. 스노우는 증강현실로 이루어진 얼굴 인식스티커와 여러 효과 등으로 사진이나 영상을 만들어 공유할 수 있도록 만들어진 메타버스입니다. 2020년 말 기준 스노우 앱의 글로벌 월간 이용자 수는 2억 4,000만 명을 넘었고 그 중 해외 이용자 비중이 90% 이상일 정도로 높았습니다. 그리고 여성이 셀카(self camera)에 익숙한 만큼, 여성 사용자의 비율이 70%를 차지했습니다. 스노우는 증강현실 메타버스를 활용한 체험형 광고에서 앞장서고 있습니다. 실제로 최근 다양한 브랜드는, 체험형 광고의 일환으로 스노우 내 AR 필터를 출시해 자사의 브랜드를 광고했습니다. 스노우는 유명 살롱 제니하우스와 협업해 웨딩 컨셉의 메이크업 필터 제작 이벤트를 제작했습니다. 그리고 넷마블은 RPG 게임인 제2의 나라의 AR 필터를 스노우에 선보였습니다[그림 10]. 해당 필터는 이용자가 본인의 얼굴이나 타인을 촬영하면 제2의 나라 게임 캐릭터 아바타로 변환해 주는 효과가 있습니다. 해당 필터는 수만 장의 제2의 나라 아바타 프레임을 머신러닝해 개발한 것으로, MZ세대 사이에서는 뜨거운 인기를 얻고 있습니다. 이처럼 스노우는 현재 증강현실 부문에서 앞서있는 메타버스로 주목받고 있습니다. 향후 증강현실을 통한 체험형 광고를 해야 할 때 스노우를 이용해 보는 것은 어떨까요?

[그림 10] 스노우 제2의 나라 AR필터(출처: 넷마블)

1.2__ 2016년 ~ 2020년 메타버스

포켓몬고: 2016년 7월

여러분은 포켓몬고를 사용해 보셨나요? 포켓몬고는 포켓몬 탄생

20주년을 기념으로 나이엔틱이 개발한 GPS 기반 증강현실 게임입니다[그림 11]. 포켓몬고는 이용자가 현실 세계에서 이동함에 따라 증강현실로 구현된 포켓몬이 나타나고, 해당 포켓몬을 포획, 육성하는 게임입니다. 포켓몬고는 국내 출시 당시 엄청난 인기를 불러왔습니다. 해외에서 먼저 출시 되었기 때문에 한국인이 이용하기에는 제약이 있었습니다. 그러나, 한국의 지역 중 속초, 양양, 울릉도만은 달랐습니다. 포켓몬고의 GPS 위치에 포함된 것이죠. 해당 지역에서 포켓몬스터가 잡힌다는 소문이 퍼지며 매우 많은 인파가 몰린 적이 있었습니다. 속초에서는 포켓몬 수집가를 위한 이벤트를 개최하기도 했고, 당시에 포켓몬고를 지역마케팅에 활용하여 많은 홍보 효과를 얻기도 하였습니다.

그러나 선풍적인 인기는 양면적인 부분도 존재했습니다. 포켓몬고에 몰두한 사람들은 길을 걸으면서도 포켓몬을 확인하기 위해 휴대전화에서 눈을 떼지 못하는 경우가 많았습니다. 미국 인디애나주 퍼듀대학교의 연구진은 '포켓몬고로 인한 죽음'이라는 보고서도 발표했는데, 내용에 따르면 포켓몬고 출시 이후 교통사고 발생률이 많이 증가했고, 지역 중 몬스터볼을 획득할 수 있는 지역인 '포켓 스탑'의 100미터 이내에서는 교통사고가 기존에 비해 26.5%나 증가했다는 것을 알아냈습니다. 그리고 사고의 원인 중에는 '운전자의 산만한 운전'이 큰 비중을 차지했습니다. 이에 따라 나이언틱은 운전 중 포켓몬고를 하지 못하도록 걷는 속도보다 GPS 이동이 빠를 경우 "운전 중 포켓몬고를 하지 말라"는 메시지가 나타나거나, 시속 30마일이 넘으면 포켓몬스터가 등장하지 않게 하는 등의 조치를 취했습니다. 주행 중에 포켓몬고를 할 정도로 인기 있었던 이유는 무엇일까요? 포켓몬고가 인기 있었던 이유는 크게 두 가지로 볼 수 있습니다.

첫째는 세계관과 기술의 결합입니다. 길에서 포켓몬을 마주하고 포획한다는 포켓몬고 세계관은 증강현실 기술을 활용하기에 적합했죠. 포켓몬고는 만화 속 세계관을 이해하고 증강현실을 활용했습니다. 그 결과 전 세계 포켓몬 팬들은 포켓몬을 실제로 볼 수 있다는 기대감에 포켓몬고로 몰려들었습니다. 그리고 만화에서 본 것처럼 길에서 증강현실로 포켓몬을 만나고 포획하는 경험을 할 수 있었습니다.

둘째는 인간의 욕구입니다. 인간의 욕구는 크게 탐험욕과 성취욕으로 구성됩니다. 포켓몬고에서 이용자들은 현실에서 해소할 수 없는 탐험욕과 성취욕을 해소할 수 있습니다. 포켓몬고 플레이를 위해 현실에서 차를 타거나 걸어서 이동하며 포켓몬 세상을 탐험하는 듯한 만족감을 느낍니다. 그리고 포켓몬 획득, PVP(Player Versus Player) 등을 통해 현실에서 느끼기 힘든 성취감을 느낄 수 있습니다. 포켓몬고는 위와 같은 성공 요인을 바탕으로, 엄청난 기록을 세웠습니다. 출시 첫 달 만에 2,400억 원의 매출을 올렸고, 110일 만에 9,300억을 돌파한 것입니다. 그리고 출시 6개월 만에 누적 매출 1조 1천억 원, 5억 건 이상의 누적 다운로드 수를 기록하며 최고 흥행작의 반열에 올랐습니다.

[그림 11] 포켓몬고 사용 모습(출처: 포켓몬고 공식 홈페이지)

포트나이트: 2017년 7월

2017년에 출시된 에픽게임즈의 포트나이트는 전 세계 약 3억 5천만 명의 이용자를 보유한 대형 메타버스입니다. 포트나이트에는 다양한 플레이 모드가 있습니다. 대표적으로는 배틀 로얄모드, 포크리 모드, 파티 로얄 모드가 있습니다. 우선 배틀로얄 모드는, 여러 선수가 동시에 승부를 겨뤄 최후의 승자 1인을 뽑는 방식입니다. 그리고 포크리 모드는 게임 내 사용자가 직접 제작한 게임을 즐길 수 있는 모드입니다. 이곳에서 사용자는 술래잡기 게임이나 슈팅 게임 등 다양한 게임을 창작하고 타인에게 공유할 수 있습니다. 마지막으로 파티 로얄 모드는 전투 행위가 금지된 모드입니다.

사람들은 파티 로얄 모드에서 경쟁보단 사람들과 교류하며 게임하고 영화를 보고 공연을 함께 즐기기도 합니다. 이곳에선 타인에게 해를 입히지 않는 행위라면 무엇이든 할 수 있습니다. 새로운 게임을 창작할 수 있다는 점, 자유도가 높다는 점 등으로 인해 기업들은 포트나이트에 다양한 이벤트를 여는 등 광고의 매개체로써 활용하고 있습니다.

포트나이트를 활용한 광고의 대표적인 사례에 대해 말씀드리겠습니다.

미국의 유명 패스트푸드 체인점인 웬디스를 아시나요? 웬디스는 2018년 11월에 포트나이트에 게임 모드를 출시했습니다. 푸드파이트 게임 모드에서는 햄버거와 피자를 테마로 하여 16명의 플레이어로 구성된 2개 팀 대결이 진행되었습니다. 햄버거 전문점인 웬디스는 푸드파이트 모드에 게임 참가자로서 참여했고, 자사 마스코트와 비슷한 아바타를 생성하였습니다. 그리고 공식 트위터 채널에, 햄버거 팀은 냉동고 투성이기에 웬디스는 절대 햄버거 팀에 참가하지 않는다는 메시지를 올렸습니다. 이후 게임이 시작하자, 웬디스의 아바타는 적을 처치하는 것이 아닌 햄버거 팀에 있는 냉동고만을 부수고 다녔습니다. 이를 통해 웬디스는 자사 햄버거가 냉동육을 사용하지 않는다는 메시지를 전 세계인에게 알릴 수 있었고 웬디스는 해당 마케팅을 통해 2019년 칸 광고제의 "소셜&인플루언서" 부문 그랑프리를 석권했습니다.

영화 분야에서도 포트나이트를 통한 마케팅이 있었습니다[그림

12]. 어벤져스의 시리즈 중 하나인 〈어벤져스: 인피니티 워〉가 그 주인공입니다. 2018년 5월 포트나이트에서는 어벤져스의 최대 악당인 타노스를 이용한 이벤트가 열렸습니다. 이용자들은 이벤트 기간 운영된 플레이 모드에서 자신의 아바타를 타노스로 변신시킬 수 있었고, 영화 속 타노스가 가진 능력을 사용해 다른 사람과 대결을 펼칠 수 있었죠

공연 분야에서는 DJ 마시멜로와 BTS가 성공적으로 포트나이트를 활용하였습니다. DJ 마시멜로는 2020년 2월에 포트나이트에서 가상의 공연을 열었고 동시 접속자 수 1,070만 명을 기록할 정도로 큰 성공을 거두었습니다. 당시 DJ 마시멜로는 게임 속에 별도로 마련된 무대인 플래전트 파크에서 가상 콘서트를 진행했으며, 콘서트 관람을 위해 참가한 이용자들은 콘서트 영상을 유튜브, 트위터 등에 스트리밍하여 콘서트를 중계하기도 했습니다. 따라서 실제 집계된 동시 접속자 수보다 훨씬 더 많은 사람이 공연을 즐겼을 것입니다. 그리고 BTS는 포트나이트에서 2020년 6월에 신곡을 공개했고 당시 가상 공연에는 76만 명의 동시 접속자가 있었습니다. BTS는 안무 이모션 서비스도 제공하며 사람들이 아바타를 사용해 직접 BTS의 안무를 따라 해볼 수 있게 해 몰입을 유도하였습니다.

2019년 5월 포트나이트에서 나이키의 에어 조던(Air Jordan) 운동화가 아이템으로 판매되었습니다. 그리고 여기에 더해서 에어 조던 제품에서 애용하는 색상인 레드, 엘로우, 퍼플을 이용한 아바

타 코스튬도 등장했죠. 이 모든 것은 스킨형 아이템으로 분류되었고 포트나이트 이용자들은 자신의 아바타를 위해 에어 조던 아이템을 구매하고 이를 착용하며 브랜드 경험을 쌓았습니다.

　포트나이트는 뛰어난 최적화, 콘솔 플랫폼 지원, 무료 플레이 모드, 신속한 핵 대응으로 전 세계 게임 순위에서 매우 높은 순위를 기록했지만, 한국에서는 흥행에서 해외만큼은 성공을 거두지 못하고 있습니다. 한국에서 흥행하지 못한 이유로는 게임 방식의 복잡함, 그래픽의 호불호가 갈림, 홍보의 부재, 커뮤니티 사이트 부족, 피시방 혜택 부족 등이 꼽히고 있습니다. 그러나 향후 한국 사용자에 적합하도록 서비스가 개선되면 국내 기업들은 포트나이트 더욱 적극적으로 광고하기 시작할 것입니다.

[그림 12] 포트나이트 어벤져스 엔드게임(출처: 포트나이트)

제페토: 2018년 8월

　2018년에 출시된 제페토는 네이버(Naver)에서 운영하는 국내 대표적인 메타버스입니다[그림 13]. 제페토는 출시 4년 만인 2022년 기준 전 세계 이용자 수 3억 명을 돌파했고, 기업가치는 3조 원을 기록할 만큼 세계적으로 큰 인기를 얻고 있습니다. 주 이용자는 해외 이용자와 MZ세대입니다. 제페토 내에서 플레이어는 자신의 아바타를 등록할 수 있고, 아바타를 꾸미기 위한 티셔츠, 바지, 액세서리 등을 구매하고 착용할 수 있습니다. 또한 이용자는 제페토 내 AR 기술을 활용해 자신과 닮은 아바타를 만들어 가상 세계에서 활동할 수도 있습니다. 그리고 제페토 내 가상의 공간인 월드(World)에 아바타로 입장해 라이딩, 모험 등 다양한 게임을 즐길 수도 있죠

　최근 GUCCI, MLB, POLO, 삼성 등 글로벌 브랜드는 제페토 내 상품을 출시하고 각 브랜드의 월드를 만들기도 합니다. 그리고 제페토는 엔터테인먼트적 가능성으로 SM, YG, 빅히트 등 주요 엔터테인먼트 기획사로부터 투자유치를 받고 있죠. 제페토에서의 감정표현도 원활합니다. 제페토는 아바타의 언어 소통 문제의 해결을 위해 감정을 표현할 수 있는 이모티콘, 그리고 아바타 행동 요소 등을 제공합니다. 또한 제페토는 소셜라이징과 창작 기능을 제공합니다. 팔로워, 팔로우 등의 SNS 기능을 보유했으며, 사용자가 찍은 아름다운 사진이나 영상 등을 피드에 공유할 수도 있습니다.

[그림 13] 제페토(출처: 네이버Z)

디 센트럴 랜드: 2020년 2월

디 센트럴 랜드는 2020년 2월에 정식 오픈한 메타버스입니다. 디 센트럴 랜드에는 현실 세계의 지도를 바탕으로 하는 가상 토지(랜드)가 구현되어 있고 이는 약 9만 개로 나누어져 있습니다. 디 센트럴 랜드에서 사용자는 아바타를 통해 다양한 맵을 탐험하고 자신의 공간을 만들며 가상활동을 즐깁니다. 그리고 가상화폐인 MANA를 활용해 쇼핑하거나, 땅을 구매하거나, 다양한 이벤트를 즐길 수 있고 자신의 땅을 타인에게 판매할 수도 있습니다. 한 예로, 메타버스 그룹(Metaverse Group)은 디 센트럴 랜드 내 패션 스트리트 구역에 있는 토지 6,090평방피트(약 170평)를 61만 8,000마나에 구매했습니다. 이를 달러로 환산하면 약 242만 8,740만 달러(약 29억 원)입니다. 가상부동산 거래 후 제공되는 거래 영수증은 NFT 기반으로 제공되기 때문에 소유권의 주장이 안정적입니다. 쇼핑이나 땅 거래뿐만 아닙니다. 사람들은 디 센트럴 랜드에서 전시장을 가기도 하고, 카지노에 입장해 게임을 즐기고 타인과 교류하기도 합니다.

삼성은 디 센트럴 랜드를 통한 마케팅을 진행한 적이 있습니다. 삼성전자의 미국법인은 2022년 1월 디 센트럴 랜드에 가상의 플래그십 매장(삼성 837X)을 열었습니다[그림 14]. 메타버스에서 삼성전자를 체험하는 색다른 경험을 통해 홍보 효과를 극대화하기 위함이죠. 삼성 837X에는 삼성의 다양한 기술을 확인할 수 있는 커넥

[그림 14] 가상의 플래그십 매장 삼성 837X(출처: 삼성)

티비티 극장(Connectivity Theater), 삼성의 맹그로브 숲 복원 프로젝트를 경험할 수 있는 지속 가능한 숲(Sustainability Forest), 혼합 현실 라이브 댄스파티가 열리는 커스터마이제이션 스테이지(Customization Stage)로 구성됩니다. 삼성은 사람들이 가상의 랜드를 통해 단지 삼성의 제품만을 경험하는 것이 아니라 삼성의 가치관, 이벤트, 그리고 혁신성까지 경험하게 한 것입니다.

모여봐요 동물의 숲: 2020년 3월

2020년에 출시된 모여봐요 동물의 숲(이하 모동숲)은 코로나19 팬데믹 당시 큰 인기를 누렸습니다. 출시 당시 약 3,623만 장 이상이 판매되었고, 모동숲 내에서 마크 제이콥스 패션쇼, 조 바이든 대통령 선거 운동 등 이벤트가 열리며 많은 관심을 받았죠. 모동숲의 서사는, NPC인 너굴의 도움을 받아서 집을 짓고, 대출 자금을 갚으며 마을 생활에 적응해 나간다는 구조입니다. 게임에는 단순노동으로 자재를 구하는 등 현실적이며 디테일한 설정도 있습니다. 이곳에서 이용자는 자신의 섬을 꾸미고 타인의 섬을 방문하며, 경제생활도 합니다. 또한 모동숲에서는 가상화폐로 '벨'이 사용되며, 벨 이외에도 너굴 의뢰를 수행할 시 얻는 너굴 마일리지 시스템이 있습니다.

모동숲 속 세상은 현실처럼 디테일하고 자유롭지만, 아바타로 좋지 못한 행동을 할 시에는 직간접적으로 영향이 돌아온다는 특징이 있습니다. 예를 들어, 마을 내 꽃을 전부 뽑고 나무를 자르면 환경 지수가 낮아집니다. 그 결과로 주변 이웃들은 불만을 품어 이사 가고, 주인공 아바타에 대한 안 좋은 소문을 퍼뜨리고 다니기도 합니다. 모동숲에서는, '마이 디자인' 기능을 통해서 옷이나 패턴을 제작할 수 있습니다. 그리고 자신의 디자인을 온라인으로 배포하고 다른 사용자가 사용할 수 있도록 해 수익을 창출할 수도 있죠. 마이 디자인 기능은 모동숲 관련 커뮤니티의 활성화에 기여했습니다.

모동숲의 장점 중 하나는 높은 상호작용성입니다. 모동숲 속 마을에는 다양한 디자인의 동물 주민이 NPC(Non-Player Character)로 등장하는데, 플레이어는 원하는 주민과 대화 등 상호작용할 수 있습니다. 모동숲 내 NPC들은 생동감 역시 높아 낚시, 운동, 음식 섭취도 하고 플레이어에게 능동적으로 말을 걸기도 합니다. NPC의 2인칭 서술기법, 제4의 벽 넘기 등 작품이 픽션임을 플레이어가 인지하도록 연출하는 재미있는 부분도 존재합니다.

게더타운: 2020년 5월

게더타운은, 미국 스타트업 '게더'가 2020년 5월 출시한 메타버스 기반의 화상회의 플랫폼입니다. 이곳에서 사람들은 2D 아바타로 활동하고, 필요할 땐 원하는 사람과 화상통화를 할 수 있습니다. 그리고 몇 번의 클릭만으로 맵을 직접 커스터마이징하여 일하는 공간, 파티장, 루프탑을 창작할 수도 있습니다. 또한, 문서나 영상을 공유해 발표할 수도 있고 별도 앱을 설치하지 않아도 접근할 수 있다는 편의성도 있습니다. 최근 다양한 기업이 게더타운을 활용해 마케팅을 펼치고 있습니다. 게더타운을 마케팅에 활용한 브랜드로는 한국의 코카콜라가 있습니다. 한국의 코카콜라는 코카-콜라 원더플 아일랜드를 게더타운에 오픈했습니다[그림 15]. 그리고 이곳에 참가한 이용자들이 음료 페트병의 긍정적 자원순환을 이색적으로 경험할 수 있도록 유도했습니다. 이용자들은, 이 공간에서 투명 음료 페트병이 코카콜라 알비백으로 재탄생되는 과정을 가상으로 확인할 수 있었습니다. 이 외에도 환경 관련 퀴즈, 코카콜라 전시장, 코카콜라 굿즈로 구성된 캠핑장 존 등이 구성되어 있어서 소비자가 재미를 느낄 수 있도록 하였습니다.

KB국민은행은 게더타운에 KB금융타운을 만들어서 금융 비즈니스 센터, 재택 센터, 놀이공간의 3개 공간을 구성했습니다. 그리고 이곳에서 경영진 회의를 열기도 하고, 기술 미팅도 진행했죠. 심지어 고객이 게더타운 내 창구 직원 앞으로 가면 자동으로 화면이 켜져 상담받는 기능도 구현했습니다. 이 정도면, 실제로 은행에 갈 일이 없어지겠죠? 게더타운은 화면 공유가 가능한 만큼, 교육에서도 활발한 사용이 기대됩니다. 교육에 관하여 경희대학교 약대는 게더타운을 통한 강의를 진행했습니다. 경희대학교 약대가 게더타운을 활용해 강의를 시작한 것은 2021년 9월로, 코로나로 인한 비대면 수업이 활성화되었던 시기입니다. 당시 게더타운에 강의자료를 올려 강의를 했고, 학생 간 소규모 토론, 비밀대화, 대규모 토론, 발표 등 역시 매끄럽게 진행되었습니다. 기업은 앞으로 팬데믹이 엄습해 올 때, 게더타운을 통해 사내 직원을 대상으로 비대면 업무 교육을 실시하는 것도 효과적일 것입니다.

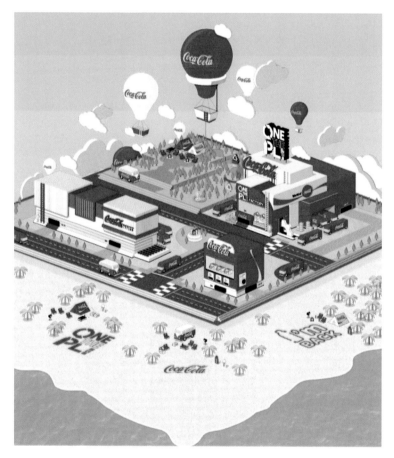

[그림 15] 코카콜라 원더풀 아일랜드(출처: 한국 코카콜라)

어스2: 2020년 11월

어스2는 실제 지구를 촬영한 데이터 기반의 지구 맵을 픽셀 단위로 선을 그어 거래하는 부동산형 메타버스입니다. 어스2에는 전 세계의 축척 지도가 보여 가상의 땅을 수월하게 구매할 수 있습니다. 각 땅의 단위는 타일입니다. 타일은 구매의 최소 단위로, 가로 세로 10m의 정사각형의 땅을 의미합니다. 또한 가상의 땅에는 땅을 구매한 가입자가 직접 설정한 국적이 표시되고, 각 면적을 얼마에 거래했는지도 공개됩니다.

한국인은 부동산에 관심이 많은 만큼 가상 부동산 메타버스인 어스2에도 높은 관심을 두고 있습니다. 2021년 12월 기준 어스2의 토지 투자자 국가별 집계를 보면, 한국인의 가상 부동산 자산가치 총액이 1,178만 달러(한화 약 139억 원)로 세계 2위를 차지할 정도입니다. 어스2 내 땅의 가치는 론칭일과 비교했을 때 상당히 증가했습니다. 서울 종로구 타일 1개의 가격은 2020년 11월 0.1달러(약 100원)에서 2021년 12월 1만 2,207달러(1,427만 원)로 오를 정도였죠. 어스2의 가상 부동산이 이처럼 높은 가치를 보이는 것에는, 희소성이 있습니다. 디지털 부동산이라고 하더라도, 공간은 한정되어 있기에 수요가 몰리는 지역은 가격이 급속도로 증가하는 것이죠. 또한 어스2의 개발 툴은 유니티입니다. 이는, 향후에 어스2가 더욱 발전한다면 사용자들이 어스2에 유니티를 활용하여 게임, 혹은 광고를 만들 수 있다는 것을 의미합니다. 그렇게 된다면 사람들은 가상공간에 대형 옥외광고를 설치하기도 하고, 상점을 만들어 현실의 물건을 가상에서 판매하기도 할 것입니다.

또 다른 재미있는 점은 바로 보석입니다. 어스2에는 보석이라는 자원이 존재합니다. 보석은 랜덤하게 생성됩니다. 그리고 운 좋게 자신의 토지에 보석이 생성된다면 사용자는 이를 수집하고 영구적으로 보관할 수 있습니다. 단, 생성된 보석은 며칠만 유지되기에 자주 어스2에 접속해 보석을 수집해야 합니다. 사람들은 수집한 보석을 모아서 타인과 거래해 수익을 창출할 수도 있고, 게임 내 석탄, 황금, 물, 철광석 등의 자원의 수집량을 늘리기 위해 사용되기도 합니다. 이때 수집된 다양한 광물들은 향후 어스2 내 놀이공원, 에펠탑 등의 건축물 등을 구성하는 데 사용될 것으로 전망되고 있습니다.

1.3__ 2021년 이후 메타버스

이프랜드: 2021년 7월

이프랜드는 2021년 7월에 출시한 메타버스입니다[그림 16]. 이프랜드는 '너와 내가 만나는 메타버스, 새로운 세상 속으로 ifland'라는 슬로건을 바탕으로 많은 가능성(if)이 현실이 되는 공간(land)이라는 의미를 담고 있습니다. 이프랜드의 장점 중 하나는 수익 창출이 가능하다는 점입니다. 사람들은 이프랜드 내 월드에서 교류나 게임만 하는 것이 아니라 콘텐츠의 창작과 판매도 할 수 있습니다. 사람들은 이프랜드 스튜디오를 사용해 이프랜드 내에서 활용할 수 있는 아바타 코스튬을 쉽고 빠르게 제작합니다. 그리고 직접 제작한 코스튬을 이프랜드 스튜디오 공식 홈페이지에 올리면 타인에게 의상 공유가 가능하고 이프랜드 포인트를 통한 거래도 가능합니다. 이프랜드 스튜디오는 향후 이프랜드 내 랜드, 아이템 등까지 사용자가 직접 제작할 수 있도록 대상이 확대될 계획입니다. 이프랜드에서 사용자는 출석, 미션 등을 통해 이프랜드 포인트를 축적할 수 있습니다. 그리고 포인트를 사용해 자신이 좋아하는 이프랜드 내 크리에이터에게 후원할 수 있고 크리에이터는 매월 말 개인 계좌에 현금화를 신청해 수익을 창출할 수도 있습니다. 향후 이프

[그림 16] 이프랜드(출처: SKT)

메타버스 마케팅 광고 미디어 가능성

랜드 포인트는 SKT의 서비스 로드맵에 따라서 암호화폐 경제 시
스템과도 연동될 계획입니다.

싸이월드Z: 2022년 4월

싸이월드는 2000년대 초 국내 대표적인 SNS였습니다. 현재는 페
이스북, 인스타그램 등 다양한 SNS가 경쟁 구도에 있으나, 2000년
대 초반에 싸이월드는, 약 3,200만 명의 국민이 사용할 정도로 독
점적인 지위를 차지하고 있었습니다. 당시 한국 인구가 4,931만 명
이었으니 한국인 10명 중 6명이 싸이월드를 이용한 것입니다. 그
당시 싸이월드는 메타버스 그 자체였습니다. 아바타 역할을 하는
미니미와 미니미가 사는 집이 존재했고 사용자는 이를 꾸밀 수 있
었습니다. 심지어는, 다른 미니미의 집에 놀러 갈 수도 있었습니다.
유명했던 이른바 파도타기였죠. 그리고 사람들은 도토리라는 싸
이월드 내 가상화폐 도토리를 통해 미니미의 옷과 미니 홈의 가
구 등을 구매하거나 미니홈피의 배경음악을 바꿀 수 있었습니다.
도토리는 2000년대 중반에 하루 평균 수익 3억 원, 연 매출 1,000
억 원을 기록할 정도로 많이 소비되었습니다. 다만, 이후 모바일이
활성화되며 PC 중심이었던 싸이월드의 인기는 점차 식어갔고, 꾸
준한 내리막길을 걷다가 결국 2019년 10월 서비스 종료를 하였습
니다.

그리고 2022년, 싸이월드는 싸이월드Z로 명칭을 바꾸고 메타버

스 요소를 강화하여 다시 찾아왔습니다. 싸이월드의 메타버스로서의 재등장의 배경에는, 사회문화, 기술적 요인이 있습니다. 코로나19로 인한 비대면 활동이 문화가 되었고 메타버스 관련 기술에 대한 수요가 높아지며 사회적으로 니즈가 생겼던 것입니다. 현재 2022년의 싸이월드Z는 메타버스, 커뮤니티, 블록체인의 세 가지 키워드를 내세우고 있습니다. 대표적으로 과거 2000년대 우리에게 친숙했던 2D의 도토리는, 오늘날에는 블록체인의 위에 있는 코인으로 변화하였습니다. 또한, 싸이월드Z는 가상자산 페이코인을 통해서도 도토리를 구매할 수 있도록 하였고 유통기업인 GS리테일과 업무협약도 체결했습니다. 현재 싸이월드Z에서 도토리로 실물 상품을 구매할 수 있다는 가능성도 나오는 만큼, GS리테일과의 협약은 새로운 가능성이 될 것입니다.

싸이월드 내 가상자산인 도토리의 활용범위는 무궁무진합니다. 싸이월드Z의 도토리 백서에 따르면 도토리는 메타버스 내 팬 미팅, 쇼핑 등에 이용될 예정이며 메타버스 속 NFT 구매에도 활용할 수 있습니다. 그리고, 메타버스를 기반으로 구축될 플레이 투 언(Play to earn)게임에서도 활용이 가능할 것으로 보입니다. 싸이월드Z가 출시된 2022년 4월에는 월 활성 사용자 수(MAU)가 294만 명을 기록하며 높은 인기를 끌었습니다. 다만, 이러한 초기 높은 관심은 추억에 대한 일시적인 관심, 그리고 과거 싸이월드에 저장해 두었던 자신의 사진첩을 보기 위해 방문했기 때문으로 일시적 성공에 불과하다는 의견도 있습니다.

과거와 달리 재오픈된 싸이월드의 재미있는 기능 중 하나는 바로 사진의 NFT화입니다. 누구나 NFT화를 통해 유일무이한 자기 작품을 등록하고 작가가 되는 경험이 가능해진 것이죠. 심지어는 자신의 미니미를 NFT 화하여 판매해 수익을 창출할 수도 있습니다. 2000년대를 대표했던 국민 SNS 싸이월드는 메타버스적 요소를 결합해 다시 한번 우리에게 다가오고 있습니다. 과연, 싸이월드는 다시 한번 성장할 수 있을까요?

본디: 2022년 10월

싱가포르의 IT 스타트업 메타 드림은 2022년 10월에 본디를 출시했습니다. 태국, 필리핀 등 아시아 7개국에서 서비스 중인 본디는 SNS 성향이 강한 메타버스입니다. 그러나 기존 SNS와 달리 높은 폐쇄성과 자유도를 자랑합니다. 본디에서 사람들은 친구로 연결된 사람과 소통이 가능하고 친구로 최대 50명까지 등록할 수 있습니다. 따라서, 친구와만 소통하기에 본디에서 사람들은 다른 SNS보다 더욱 자유롭게 자신을 표현하곤 합니다. 이는 눈치 보지 않고 가까운 사람들과의 소통을 중시한다는 본디의 철학과도 맞물리는데요, 아마 과도한 SNS로 타인을 의식하는 것에 지친 세대들은 점점 더 폐쇄성이 강한 본디를 찾을 것입니다. 본디에서의 공간은 스페이스, 채팅, 플로팅, 스퀘어로 구성됩니다. 각 공간에 대해 소개해 드리겠습니다.

첫 번째 공간은 스페이스입니다. 스페이스에서 사람들은 자신의 아바타와 방을 직접 꾸밀 수 있습니다. 꾸미는 데에 제약은 비교적 적어 배경음악을 설정할 수 있고 액자라는 기능을 통해 자신의 사진첩에 있는 사진을 스페이스에 걸어둘 수도 있습니다. 그리고 친구의 플레이스에 놀러 가 친구의 방 위에 메모를 붙임으로써 방명록을 남길 수 있습니다.

두 번째 공간은 채팅입니다. 본디는 기존 SNS와 달리 채팅창이 역동적입니다. 이용자들은 채팅하며 아바타로 소파에 앉을 수도 있고, 화나는 감정, 즐거운 감정, 지루한 감정 등 다양한 감정을 표현할 수도 있습니다. 그리고 1대1 채팅부터 그룹 채팅까지 채팅의 규모도 자유롭죠.

세 번째 공간은 플로팅(Floating)입니다[그림 17]. 사람들은 플로팅 공간에서 아바타로 넓은 바다를 항해합니다. 그리고 항해 중 모르는 사람과 만나서 소통할 수도 있습니다. 더군다나 운이 좋으면 희귀한 아이템을 얻을 수 있어 게임적 재미까지 얻을 수 있습니다.

마지막으로는 스퀘어입니다. 스퀘어라는 공간에서는 등록된 친구들의 아바타를 보고 친구의 상태를 추측할 수 있습니다. 사람들은 자신의 상태에 따라 아바타의 행동, 모습 등을 설정해 놓기 때문에 아바타의 상태는 곧 현실의 상태를 의미합니다. 만약 현실에서 휴가 중일 때는 아바타를 휴가를 즐기는 모습으로 설정해 두고, 게임을 하거나 무언가에 집중할 땐 집중하는 모션의 아바타로 설정을 해둘 수 있습니다. 이는 카카오톡의 상태 메시지와 유사한 기능인데요, 다만 아바타를 통해 더욱 능동적인 상태를 표현할 수 있다는 데에서 본디만의 차별점이 있습니다. 본디는 기존의 SNS와 차별화되는 특성을 바탕으로 폭발적인 인기를 얻고 있습니다. 2023년 2월 13일 기준 국내 앱스토어 무료 앱 순위 1위, 구글 플레이스토어 인기 앱 순위 1위에 자리를 차지했고 월간 활성 이용자 수(MAU)는 3만 명을 넘었습니다.

[그림 17] 본디에서 플로팅하는 모습(출처: 본디앱 화면 캡처)

Ⅲ

메타버스의 기반

지금까지 대표적인 메타버스에 대해 알아보았습니다. 그렇다면 메타버스의 기반이 되는 것에는 무엇이 있을까요? 메타버스에 경제성을 불어넣어 줄 NFT, 자유도를 높여줄 아바타, 그리고 메타버스 광고의 효율성을 높여주는 가상 인플루언서, 메타버스의 실재감을 높여줄 하드웨어를 소개해 드리겠습니다.

NFT: 메타버스에 경제성을 불어넣다.

NFT는 메타버스의 경제성을 높여줍니다. NFT가 등장하며 과거 불가능했던 디지털콘텐츠의 원본성, 소유성, 희소성의 보장이 가능해졌습니다. 그 결과 크리에이터의 권리 보장 가능성이 높아졌고, 크리에이터는 적극적으로 창작에 임할 수 있게 되었습니다. 그리고 다수의 창작자는 메타버스로 넘어와 NFT를 만들고, 교환하고 판매하며 메타버스 내에서의 자체적인 경제 생태계에 힘을 불어넣고 있습니다.

아바타: 메타버스에 자유도를 불어넣다.

사람들은 아바타를 통해 메타버스에 접속하고 활동하고 있습니다. 아바타에는 체력상의 한계도, 시공간의 한계도 존재하지 않기 때문에 현실과 달리 무엇이든 할 수 있습니다. 따라서 아바타를 통해 사람들은 현실에서 입어보지 못하던 옷을 입어보기도 하고,

가보고 싶은 여행지를 경험하고, 먹고 싶었던 음식을 먹어 보기도 합니다. 이처럼 아바타는 메타버스에서의 활동에 자유도를 높여 줄 수 있습니다.

가상 인플루언서: 메타버스 광고의 효율을 높이다

현실의 연예인을 광고 모델로 섭외할 시 연예인의 체력, 컨디션, 그리고 사건과 사고 등 다양한 고려 요소가 발생합니다. 고려 요소가 많은 만큼 섭외 비용도 만만치 않습니다. 그러나 가상의 인플루언서를 활용해 광고하면 모델의 체력을 걱정할 필요도, 사고를 대비할 필요도 없습니다. 비용도 실제 사람이 아니기에 훨씬 저렴합니다. 시공간의 제약도 없습니다. 오늘은 이탈리아에서 피자 광고를 촬영하고, 다음날에는 중국에 가서 짜장면 광고를 촬영할 수도 있죠. 최근 가상 인플루언서의 효율성을 확인한 수많은 기업은 그들을 광고 모델로 섭외하고 있습니다.

메타버스 하드웨어: 메타버스에 실재감을 불어넣다.

메타버스는 별도의 기기 없이 인터넷만 연결되어 있으면 접속이 가능합니다. 그러나, 단순히 접속하는 것만으로는 메타버스에 존재한다는 실재감을 느끼기 어렵습니다. 인류는 메타버스에서 더 나은 감각을 느끼기 위해 AR, VR기기 등 메타버스 하드웨어를 개발했습니다. 기기를 착용하고 메타버스에 접속하면, 가상의 물체를 잡는 감각을 느낄 수 있고 실제 그 공간 안에 있는 듯한 공간감을 느낄 수도 있습니다.

　그럼, 다음으로는 NFT부터 메타버스 하드웨어까지 각 메타버스의 기반에 대하여 보다 구체적으로 알아보도록 하겠습니다.

NFT란 무엇인가

2015년 10월 이더리아(Etheria) 프로젝트로 시작돼 11월 영국 런던에서 개최된 이더리움 개발자회의 '데브콘(Devcon)'에서 처음 NFT가 공개되었습니다. NFT(Not Fungible Toekn)란 '블록체인에서 디지털이든 물리적이든 주어진 자산을 나타내는 암호학적으로 고유하고 분리할 수 없고, 대체 불가하며 검증 가능한 토큰'을 의미합니다. 대체 불가에 검증 가능하다니 이해하기 어렵다고요? 대체 불가성에 NFT의 가치가 숨겨져 있습니다. '대체 불가능하며 검증 가능한 토큰', 여기서 토큰이란 블록체인에 저장된 디지털 인증서를 의미합니다. 스마트 계약이라고도 불리는 디지털 인증서에 대한 정보는 각 NFT를 유일무이한 것으로 만들어 줍니다. 따라서 각 NFT는 하나하나가 유일무이하고 다른 NFT와 동등한 가치로 판단해 대체할 수 없는 것입니다. 예를 들어, 화폐라면 1달러 지폐 한 장은 화폐가 발행된 날짜, 화폐 번호 등과 무관하게 다른 1달러 지폐와 동일한 가치를 지니죠.

대체 불가능성을 바탕으로 NFT는 미국 IT 기업 가트너로부터

2021년 가장 주목할 기술로 선정되었고, 높은 관심만큼 거래량도 폭발적으로 증가했습니다. 그리고 NFT 시장의 가치는 2025년 800억 달러를 넘을 것으로 전망되고 있습니다.

NFT의 등장은 콘텐츠 및 유통 권리의 혁신으로도 평가받습니다. 기존에는 크리에이터의 동의 없이 콘텐츠를 공유하거나 복제할 수 있었으며, 이는 디지털 콘텐츠 시장의 발전을 위해 반드시 해결되어야 하는 문제였습니다. 그리고 이러한 문제는 블록체인 기술을 기반으로 하는 NFT를 통해 해결되었습니다. NFT를 통해 디지털 파일의 원본성, 진본성, 유일성, 소장 및 구매 이력을 증명하여 콘텐츠의 권리 보장이 가능해졌기 때문입니다.

NFT의 기반: 토큰

NFT의 기반이 되는 토큰에는 ERC-20, ERC-165, ERC-223, ERC-621, ERC-721, ERC-827, ERC-884 등이 있습니다. 그리고 그중 가장 활발히 사용되는 토큰은 ERC-20과 ERC-721입니다. 이때, ERC란 Etherum Request for Comment의 약자로 이더리움 네트워크에 토큰을 만들 시 따라야 하는 프로토콜입니다. 2017년까지 이더리움 네트워크에서 생성된 다수의 토큰은 ERC-20토큰이었습니다. ERC-20토큰은 대체 가능한 암호화폐를 지원하며 대체 가능성이라는 특징을 지닙니다. 그리고 최근 NFT 발행을 목적으로 가장 많이 사용되는 토큰은 이더리움 기반의 ERC-721토큰입니다. ERC-

721토큰은 2018년 6월 21일에 최종적으로 받아들여진 토큰입니다. ERC-20토큰과 달리 ERC-721토큰은 고유의 해시를 갖고 있어서 대체가 불가능합니다. ERC-721토큰으로 이루어지는 계약은 하나의 특정 유형의 NFT만을 생성하도록 설계되었습니다. 각 토큰은 고유가치가 있어서 블록체인상에서 티켓, 게임아이템, 부동산 등 고유 자산 가치를 토큰으로 관리하기 위해 사용됩니다. 만약 하나의 작품을 NFT로 민팅한다면, 그 과정 자체가 ERC-721토큰을 만드는 것이 됩니다. 그렇게 되면 작품이 실린 ERC-721토큰은 다른 ERC-721토큰과 다른 가치를 지니기 때문에 대체할 수 없는 것이죠. ERC-721토큰이 사용되는 메타버스로는 대표적으로 크립토키티, 디 센트럴 랜드가 있습니다.

메타버스에서 창작하다: 민팅(Minting)

민팅은 '주조한다'라는 뜻의 Mint에서 유래된 단어로, 오프라인에 있는 디지털 파일을 NFT화 시키는 것을 의미합니다. 민팅에는 시간이 소요되며, 민팅 속도에 따라 가스비(gas fee)를 지불해야 합니다. NFT 민팅 시에는 작품 이름, 작품 설명, 고품질 이미지 링크, 로열티 비율, 카피 수 등을 입력할 수 있으며, 마켓플레이스에 따라 차이가 있으나 저작권 이름, 창작일을 기재하기도 하고, 판매 시 저작권과 함께 양도할 것인지 선택하기도 합니다. 보통의 NFT는 소유권만 블록체인에 기록되고 실물 파일은 서버에 저장되는 데, 이는 그림이나 영상의 용량이 크기 때문입니다. 이 경우 만약 콘텐츠 원본이 저장된 서버가 사라진다면 실체 없는 콘텐츠의 소유권만을 갖게 되는 문제가 발생할 수 있습니다.

NFT 거래 수수료

통상적으로 NFT를 민팅할 때, 판매할 때, 구입할 때 비용(gas)이 발생합니다. 이때, 민팅수수료는 작품을 NFT로 만들 때 발생하는 수수료로 보통 60달러에서 100달러 정도가 필요합니다. 작품 거래 시 발생하는 거래 수수료는 대략 거래금액의 2.5%~3.0%입니다. 그리고, 작가는 자신의 작품이 후에 재판매될 시 거래금액의 일부를 추가수수료로 받기도 합니다. 추가 수수료는 통상적으로 NFT 작가가 설정할 수 있습니다. 가스비는 거래뿐 아니라 무언가 NFT에 기록될 때도 필요한데, 크립토 키티의 경우 캐릭터가 새로 태어나거나 무언가 행동이 기록될 필요가 있을 시 가스비가 필요합니다. 가스비는 고정되어 있지 않습니다. 블록체인에 거래의 보증을 필요로 하는 사람이 많고, 기록될 블록체인 내 공간이 부족하면 수요와 공급의 법칙으로 인해 가스비가 증가하고 반대의 경우 가스비는 감소합니다. 또한, 보통 NFT 구입을 위해 경매에 참가하는 투자자는, 경매의 성공 여부와 관계 없이 경매 참여 1회당 가스비를 부담해야 합니다. 그리고 구입을 원하는 투자자가 다수지만 구입 가능한 NFT의 수량이 제한적일 경우 경매 참여로 인한 가스비가 급증할 가능성이 있습니다.

NFT를 구매하는 이유는?

현재 NFT의 가격이 크게 증가했던 만큼 사람들은 NFT를 투자의 대상으로 바라보고 있습니다. 다만, 주식 등 대안이 되는 투자수단에 비해 변동성이 높다는 점은 NFT의 구매에 있어 걸림돌이 되고 있습니다. 향후 NFT의 거래량, 가격이 더욱 안정화된다면 투자목적의 구매는 증가할 것이고, 소유목적과 기타 목적을 위한 구매 역시 증가할 것으로 예상됩니다.

NFT는 블록체인을 기반으로 한다는 점에서 디지털 친화적이며 희소성 증명 욕구와 소유욕을 모두 충족시켜 줄 수 있어 MZ세대로부터 높은 관심을 받게 되었습니다. 그리고 MZ세대 중에서도 특히 경제력을 보유한 M세대가 NFT의 주요 고객층으로 떠오르고 있습니다.

그렇다면 현재 국내 M세대가 가진 NFT에 대한 경험과 인식은 어떨까요? 이를 확인하기 위해 저자는 2022년 10월 국내 M세대 약 535명을 대상으로 NFT에 대한 지식과 이용 경험에 대해 인터넷 설문조사를 실시했습니다. 실시 결과, 표본의 NFT에 대한 지식은 매우 모른다(16%), 모른다(15%), 약간 모른다(10%), 보통이다(17%), 약간 알고 있다(28%), 알고 있다(12%), 매우 알고 있다(2%)로, 약간 알고 있다의 비중이 가장 높았습니다. 이를 통해 알 수 있는 결론은, 약 절반가량의 M세대가 NFT에 대해 어렴풋이 알고 있지만 NFT를 매우 잘 알지는 못한다고 볼 수 있습니다.

NFT 이용 경험에 대한 답변으로 NFT 구매 횟수는 0번(68.8%), 1~2번(20.5%), 3~4(4%), 5~6(3.6%), 7회 이상(3.1%)이었고 NFT 민팅 횟수는 0번(77.2%), 1~2번(16.5%), 3~4(2.2%), 5~6(1.8%), 7회 이상(2.2%)이었습니다. 마지막으로 NFT 판매에 있어서는 0번(85.3%), 1~2번(8.0%), 3~4번(4.0%), 5~6번(0.9%), 7번 이상(1.7%)이었습니다. NFT이용 경험에 대한 결과를 종합해 보면 NFT 경험은 '구매 > 민팅 > 판매' 순서로 높았고 각 경험에 있어 한 번도 해보지 않은 사람의 비중이 모두 65%를 초과했습니다. 이를 종합해 보면 아직까지 미국에 비해 국내 M세대의 NFT경험이 부족한 것으로 확인되었습니다. 그러나 M세대가 NFT의 주요 고객층인 것은 분명하기에 M세대를 대상으로 적극적인 마케팅을 펼친다면 분명 높은 성과로 이어질 것입니다.

새로운 소비자: 크리에이튜머(CreaTumer)

시대의 변화에 따라 소비자의 형태도 함께 변화합니다. 과거 대량생산 시대의 끝이 보이던 1980년, 앨빈 토플러(Alvin Toffler)는 '프로슈머(Prosumer)'라는 단어를 정의하며 새로운 소비자의 등장을 암시했습니다. 프로슈머란 일반 소비자와 달리 상품 관련 많은지식, 정보를 갖고 상품 개발 계획부터 과정까지 적극적으로 참여하는 소비자를 의미합니다. 앨빈 트플러는 프로슈머가 주목받는 이유는 대량생산된 표준화된 상품이 성장 한계를 드러내며 맞춤형 생산방식과 소비자 참여가 필요한 방향으로 바뀌고 있기 때문이라고 주장했습니다. 프로슈머는, 접두어인 프로(pro)의 해석에 따라 다양한 의미로 해석될 수 있습니다. 그리고 크게는 활동가적 생산소비자(Proactive+Consumer), 전문가적 생산소비자(Proffesional+Consumer), 간여적 생산소비자(Provider+Consumer), 판매자적 생산소비자(Producer+Consumer)로 분류될 수 있습니다. 활동가적 생산소비자란, 기업과 시장 내의 문제를 바로잡기 위해 조치를 하거나 후에 발생할 수 있는 문제를 미리 예상해 대처하는 소비자입니다. 전문가적 생산소비자란, 일반 소비자보다 많은 지식, 장비를 가진 소비자로 타인이 제작한 음악, 게임, 영화 등 콘텐츠를 즐기는 동시에 스스로 전문가용 소프트웨어나 기기를 이용해 콘텐츠 창작자가 되는 소비자를 지칭합니다. 간여적 생산소비자란, 구매하고자 하는 제품의 디자인을 하거나 고객 맞춤화하는 데 도움 주는 소비자입니다. 판매자적 생산소비자란 경제적 이유나 자기만족을 위해 생산에 참여하는 소비자를 의미합니다.

그리고, ICT기반 플랫폼 경제의 활성화와 2020년대 NFT의 등장으로 소비자의 주요 형태는 프로슈머에서 또다시 변화하고 있습니다. 온라인 매출이 오프라인 매출을 능가함에 따라 오프라인의 소비자들은 플랫폼 사용자 또는 이용자(User)로 둔갑하였다. 또한, 디지털 콘텐츠의 소유권을 보장해 주는 NFT의 등장, 누구나 디지털 콘텐츠를 NFT화 할 수 있는 창작의 용이성은 콘텐츠를 소비만 하던 이용자(User)를 창작의 영역으로 불러오기 충분했습니다. 이처럼 누구나 창작자가 되고 소유권을 주장할 수 있는 메타버스 환경은 이용자 속의 소비자와 창작자의 경계를 더욱 허물 것입니다. 따라서 향후 NFT 기반의 메타버스 시대에서 이용자는 콘텐츠를 구매하며 즐기고 싶을 땐 소비자로, 자신의 콘텐츠를 창작해 판매하고자 할 땐 창작자로 그 영역을 넘나드는, 크리에이터(Creator)와 소비자(Consumer)의 합성어인 크리에이튜머(CreatUmer)로 진화할 것입니다.

1.1__ NFT 거래소

NFT에 대한 관심이 증가함에 따라 인터넷 미디어 플랫폼 기업, 블록체인 기업 등에서 NFT 거래소를 출범하고 있습니다. NFT 거래소란 다양한 NFT를 한곳에 모아 NFT 판매자와 구매자를 연결해 주는 플랫폼을 의미합니다. 2022년 8월 기준으로 전 세계에 약 245개의 NFT거래소가 존재하며, 거래소에 따라 거래할 수 있는 자산의 종류, 특성, 수수료 등에 차이가 있습니다. 그중에서도 현재 활발히 거래되는 NFT 거래소로는 오픈씨(Opensea), 라리블(Rarible), 슈퍼레어(SupeRare) 등이 있습니다. 그럼, 대표적인 NFT 거래소에 대해 알아보도록 하겠습니다.

오픈씨(Opensea)

Opensea는 핀터레스트 출신인 데빈피저가 알렉스 아탈라와 함께 2017년 12월에 미국에 설립한 회사입니다. Opensea는 ERC-721 기반 디지털 자산 거래를 지원하는 세계 최대 오픈마켓으로, 오픈씨의 거래대금이 전체의 NFT거래의 대부분을 차지할 정도로 세계에서 가장 큰 규모의 NFT거래소입니다. 사람들은 오픈씨에서 NFT를 발행하고, 사고, 팔 수 있습니다. 오픈씨의 주요한 수익모델은 거래에서 발생하는 거래 대금으로 거래금액에서 수수료로 2.5%를 받습니다. 오픈씨의 거래 방식은 크게 고정가격거래(Fixed-price listings), 일반경매방식(Highest-bid auctions), 가격하락 거래(Declining-price listings)로 구분되며, 작품의 형태는 JPG, PNG, GIF, WEBP, MP4, MP3 등 매우 다양합니다. 열린 바다라는 그 이름처럼, 누구나 제한 없이 NFT를 발행, 거래할 수 있어서 NFT계의 이베이라고 불리기도 하죠. 오픈씨는 NFT를 구매하기 위한 화폐로는 Wrapped Ethereum 등 241가지 토큰을 지원합니다. 물론 법정화폐로 NFT를 거래하는 것이 불가능하다는 한계가 있지만, 대신 어마어마한 수의 가상화폐 거래를 지원하는 것입니다. 오픈씨는 국내에서는 카카오의 자회사인 그라운드X와 제휴를 맺어 그라운드X의 플랫폼인 크래프트 스페이스에서 NFT를 만들면 오픈씨에 즉시 연동돼 판매가 가능합니다. 그라운드X와 제휴를 맺은 만큼 국내에서도 빠른 성장을 예상합니다.

슈퍼레어(SuperRare)

2018년 4월 설립된 이더리움 기반의 슈퍼레어(SuperRare)는 예술에 특화된 NFT 거래소입니다. 그리고 예술에 특화된 만큼 마치 미술관처럼 NFT 작품 선정에 있어 큐레이팅 시스템을 운영합니다. 누구나 제한 없이 NFT를 발행, 거래할 수 있는 오픈씨와 달리 슈퍼레어는 큐레이팅 시스템을 기반으로 하여 심사에 통과한 아티스트만이 NFT를 발행할 수 있는 것이죠. 이처럼 진입이 어려운 만큼, 승인받은 작품은 높은 가치를 받는다는 특징이 있습니다. 슈퍼레어의 가장 큰 특징은 희귀한 NFT를 판매한다는 점입니다. 슈퍼레어는 다른 NFT 거래소에서 판매하지 않는 싱글에디션 NFT 등 독점 NFT를 판매합니다. 또한, 이미지 파일만을 NFT로 올릴 수 있어서 영상이나 음원은 거래할 수 없다는 한계점도 존재합니다. 슈퍼레어는 구매자가 지불하는 구매 금액의 3%를 수수료로 받고 있습니다. 그리고 슈퍼레어는 다른 NFT 거래소와 차별되는 또 하나의 특징을 갖고 있습니다. 바로 SNS적 요소입니다. 이곳에서 사람들은 다른 NFT 크리에이터 혹은 수집가와 좋아요, 의견 남기기, 팔로우의 교류를 할 수 있습니다. 그리고, 거래 건을 확인할 수 있는 개인 맞춤형 피드 지정도 가능합니다. 슈퍼레어에서는 한국의 작가 '미스터 미상'의 〈#11. Money Factory〉 작품이 약 200이더 (한화 약 4억 9천만 원)에 거래가 되어 이슈가 되기도 했습니다.

니프티 게이트웨이(Nifty Gateway)

제미니(Gemini LLC)가 소유한 니프티 게이트웨이는 슈퍼레어와 비슷하게 NFT 아트, 예술품을 거래하는 거래소입니다. 니프티 게이트웨이에서는 가입심사가 존재합니다. 가입심사에서는 작가의 SNS, 포트폴리오, 작품 웹사이트 등 다양한 질문이 나오는데요, 심사를 거쳐 합당한 아티스트로 승인되어야만 거래소에 NFT를 발행할 수 있는 자격이 부여됩니다. 따라서 대부분의 작품은 초고화질이거나 높은 퀄리티를 보유한다는 장점이 있습니다. 또한, 보통의 거래소와 달리 이더리움 같은 토큰이 없더라도 신용카드를 통해 구매할 수 있다는 장점이 있습니다. 니프티 게이트웨이는 자체적으로 NFT를 니프티(Nifty)라고 부른다는 점도 특이한 점 중 하나입니다. 그리고 니프티 게이트웨이에서의 거래는 신용카드(달러)를 통해 가능합니다. 따라서 국내 사용자가 이용하기에는 다소 불편할 수 있습니다. 그리고 거래소에서 현금을 인출하기 위해서는 미국 암호화폐 거래소 계정을 만들어야 한다는 불편함도 존재합니다. 니프티 게이트웨이는 유명한 아티스트인 비플의 작품인 〈Everydays: the first 5000days〉가 판매된 곳이기도 합니다. 이 밖에도 〈THE COMPLETE MF COLLECTION〉 작품이 77만 7,777달러(8억 4,902

만 원)에 낙찰되기도 하였습니다.

라리블(Rarible)

라리블은 가장 인지도가 높은 NFT 거래소 중 하나입니다. 라리블의 장점으로는 민팅과 거래의 편리성, 그리고 메시징 기능의 탑재를 통한 커뮤니티의 활성화가 있습니다. 우선 라리블은 PNG, MP3, MP4, GIF, WEBP 등 다양한 형태의 NFT 등록, 거래를 지원합니다. 따라서 민팅과 거래의 자유도가 높습니다. 그리고 커뮤니티적 요소가 존재하여, 사용자는 라리블에서 NFT창작자를 팔로우하거나, 새로운 NFT가 출시되었을 때 알람을 받을 수 있습니다. 따라서 사용자들은 마치 SNS에서 NFT를 거래하는 듯한 느낌을 받을 수 있습니다. 그리고 오픈씨와 마찬가지로 누구나 NFT를 발행하고 거래할 수 있습니다. 라리블은 NFT 구매자와 판매자 모두에게 거래 수수료를 부과하며 크리에이터는 로열티 수수료를 설정할 수 있습니다. 이곳에서 NFT를 신용카드나 직불카드를 통해서도 구매할 수 있는데, 다만 이 경우에는 수수료가 다소 높게 책정됩니다. 그리고 NFT가 판매될 때까지 가스요금을 부과하지 않는 'Lazy Minting' 기능도 제공합니다.

도시(DOSI)

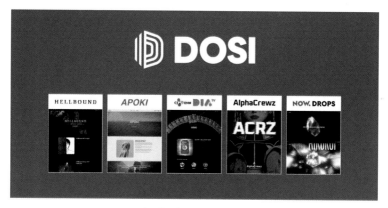

[그림 18] DOSI(출처: 라인)

현재 출시된 국내의 대표적인 NFT 거래소로는 도시(DOSI)가 있습니다[그림 18]. 도시는 도시 스토어(Dosi Store)와 도시 월렛(Dosi Wallet), 그리고 도시 시티즌(Dosi Citizen)으로 구성됩니다. 도시 스토어란, 기업, 브랜드가 NFT를 판매하는 브랜드 스토어를 의미합니다. 그리고 도시 월렛은 NFT 거래를 위한 전용 지갑이며, 도시 시티즌은 NFT 기반 멤버십입니다. 도시를 이용하기 위해선 도시 월렛 가입이 필요합니다. 도시 월렛 가입자는 도시 시티즌 멤버십을 부여받아 도시 NFT를 수집할 수 있습니다. 최근, 알파크루즈, 나우드롭스, 지옥, 다이아티비, 아뽀키 등 5개 브랜드가 도시에서 NFT 프로젝트를 공개했습니다. 도시는 국내에서 출시된 NFT 플랫폼이라는 의의가 있습니다. 그러나, 현 단계에서는 도시에서 기업 및 브랜드가 아닌 이용자가 NFT를 민팅할 수 있는 여건이 충분히 갖춰지지 않았습니다. 따라서 이용자는 거래소에서 창작자보단 구매자, 거래자의 입장에 한정해 활동해야 한다는 한계가 있습니다.

1.2__ NFT의 유형

NFT는 등장 초기인 만큼 유형의 분류를 위한 다양한 연구가 선행되었습니다. 그중에서도 현재 가장 많이 쓰이는 분류 기준은 NFT를 게이밍 NFT와 컬렉터블 NFT로 분류하는 기준입니다. 다음으로는 각 유형의 대표적인 NFT를 소개해 드리겠습니다.

가. 게이밍 NFT

NFT는 게임을 하며 돈을 벌 수 있는 P2E(Play to Earn)를 활성화 시켰습니다. 그 결과 과거 이용자가 단순히 즐기는 목적으로 게임 했다면 이제는 콘텐츠 생산을 통한 수익 증대를 위해 게임을 하기 시작했습니다. 2021년 하반기에는 NFT를 통해 수익을 창출할 수 있는 게임인 엑시 인피니티가 급성장하며 NFT 전체 거래량의 50%를 게이밍 카테고리가 차지했습니다. NFT 기반 게임에는 대표적으로 크립토 키티와 엑시인피니티가 있습니다.

크립토 키티

크립토 키티는 캐나다의 Dapper Labs가 2017년에 제작한 이더리움 기반의 블록체인 게임입니다[그림 19]. 크립토 키티에서의 거래는 판매자 유형에 따라 두 가지로 분류할 수 있습니다. 첫 번째 판매자 유형은 크립토 키티 공식 계정입니다. 크립토 키티 공식 계정은 15분마다 자동으로 생성되는 디지털 고양이를 판매합니다. 두 번째는 일반 사용자입니다. 일반 사용자는 구매나 교배를 통해 디지털 고양이를 획득할 수 있고, 획득한 디지털 고양이를 판매할 수 있습니다. 그렇다면, 디지털 고양이의 가치는 어떻게 결정될까요? 디지털 고양이의 가치는 고유의 속성 희소성에 따라 결정됩니다. 크립토 키티는 같은 디자인의 디지털 고양이가 없다는 것이 특징입니다. 따라서, 모든 디지털 고양이는 고유의 희소성을 갖고 있으며, 사람들은 교배를 통해 자신만의 유일한 디지털 고양이를 가질 수 있습니다. 디지털 고양이를 교배하는 데에는 시간이 걸리는데, 교배를 위한 시간에는 총 8단계가 있고 교배를 거듭할수록 그 시간은 점차 증가합니다. 재미있는 점은, 크립토 키티 세계관에서는 성별이라는 개념이 존재하지 않는다는 것입니다. 따라서 성별의 제약 없이 자유도 높게 원하는 디지털 고양이를 교배시킬 수 있습니다. 이렇게 교배를 통해서 희귀한 디지털 고양이를 만들어 낸 사용자는 다른 사용자에게 판매해 수익을 창출할 수 있습니다. 2018년에는 Dragon 크립토 키티가 17만 달러에 판매되기도 했습니다.

하지만, 크립토 키티의 영광은 오래가지 못했습니다. 크립토 키티 속 너무나 많은 활동이 블록체인을 기반으로 이루어졌기 때문입니다. 블록체인을 사용하면서 오는 비용 부담은 사용자에게까지 전이 되었습니다. 결국, 게임 이용 시 발생하는 높은 비용과 거래 수수료 등으로 인해 사용자가 감소했고 2017년 한 때 하루 활성 사용자 수가 15,000명에 달했던 것과 달리 최근 하루 활성 사용자 수는 500명이 채 되지 않는다고 합니다. 크립토 키티는 분명 한계가 있었지만, NFT를 적용한 게임의 시작이라는 점에서는 의미가 있습니다. 앞으로 나타날, 그리고 진화할 NFT 게임에 미리 준비한다면 분명 좋은 마케팅 기회가 있을 것입니다.

[그림 19] 크립토키티(출처: 크립토키티)

엑시 인피니티

2018년 베트남 스타트업 스카이 마비스는 엑시 인피니티(Axie Infinity)를 출시했습니다[그림 20]. 엑시 인피니티 속 게임 캐릭터는 엑시(Axies)라고 불리는데요, 이용자는 엑시를 수집하고 전투를 통해 육성하거나 교배를 통해 전투에 유리한 스킬을 갖춘 엑시를 만들 수 있습니다. 교배를 위해선 엑시 두 마리가 필요하며, 엑시 한 마리당 최대 7회까지 교배가 가능합니다. 엑시의 가치는, 희귀도가 높을수록, 그리고 교배 가능 횟수가 많이 남아있을수록 높게 측정됩니다. 이렇게 만들어진 엑시는 수백 개 이상의 특징(몸통 부위와 기술) 중 6개 특징을 갖게 되고, 특징을 활용해 상대와 결투할 수 있습니다. 그리고 이용자는 게임에서 획득한 엑시 NFT를 엑시 인피니티 마켓 플레이스에 이더리움 토큰으로 판매할 수 있습니다. 다만, 게임 참여를 위해선 엑시 3마리를 보유해야 하는데, 최근에는 엑시 1마리의 가격이 60만 원 정도로 3마리 보유를 위해선 180만 원 정도의 돈이 필요합니다. 베트남의 평균 연봉 수준이 300만 원~400만 원이라는 점을 감안하면 이는 매우 높은 가격으로 진입장벽을 형성하였죠. 따라서 엑시를 많이 보유한 사람들은 자금이 부족한 게이머에게 엑시를 대여해 주고, 대여받은 게이머가 엑시를 통해 수익을 창출하면 수익의 일부를 쉐어받는 방식으로 게임을 이용했습니다. 또한, 엑시 인피니티에는 약 9만 개로 구성된 랜드 개념도 있는데요, 사용자는 랜드를 구매해 자신의 랜드에 건물을 짓고, 랜드에 출몰하는 몬스터를 잡아 특수한 아이템도 얻을 수 있습니다. 게임 내 가장 희귀한 토지인 '엑시 제네시스 플롯'은 250만 달러(한화 약 31억 원)에 판매가 된 적도 있습니다. 이러한 수익성으로 인해 필리핀에서는 엑시 인피니티를 직업으로 삼는 경우도 있었습니다. 필리핀은 코로나 사태로 인해 한때 실업률이 70%까지 증가했습니다. 갑작스럽게 일자리를 잃은 필리핀 사람들은 엑시 인피니티를 통해 소득을 얻고, 인증사진을 찍어 SNS에 올렸습니다. 어떤 사람은 한 달에 엑시 인피니티를 통해 90만~100만 원씩 수익을 창출했죠. 이후 더욱 성장하고 확산되어 최근엔 동남아, 미국, 유럽 등 세계 각국의 사람들이 엑시 인피티니를 이용하고 있습니다.

[그림 20] 엑시 인피니티(출처: 스카이 미비스)

　　　　　　　　　　　메타버스 마케팅 광고 미디어 가능성

나. 컬렉터블 NFT

컬렉터블 NFT란, 수집과 투자를 목적으로 하는 NFT입니다. 2021년 하반기가 게이밍 NFT의 시대였다면, 상반기는 컬렉터블 NFT의 시대였습니다. 컬렉터블 NFT는 2021년 상반기 크립토펑크, NBA 톱 샷을 중심으로 전체 NFT 거래량의 90% 이상을 차지하며 시장을 이끌었습니다. 컬렉터블 NFT 시장에서는 어떤 NFT가 희소한지, 어떤 NFT가 인기 높은지 등 정보가 상대적으로 균등하게 알려지기 때문에 투자를 위한 가이드가 명백하다는 장점이 있습니다. 따라서 투자 측면에서 접근하기 용이합니다. 국내 컬렉터블 NFT 사례로는 이세돌 9단 알파고 승리 대국 기보와 이세돌의 사진, 서명이 담긴 NFT가 2.5억 원에 낙찰된 것, 2021년 7월 훈민정음 해례본 NFT가 개당 1억에 판매된 것, 그리고 2021년 11월 제페토에서 제페토 월드 공식 맵 이미지 NFT가 천 개 이상 발행된 사례가 있습니다.

그럼, 대표적인 컬렉터블 NFT인 크립토펑크, 지루한 원숭이 요트클럽(BAYC), 해시마스크, NBA 톱 샷에 대해 알아보겠습니다.

크립토펑크

NFT 프로젝트 중 최초의 프로젝트라고 불리는 NFT는 무엇일까요? 바로 크립토펑크입니다[그림 21]. 줄여서 펑크라고 불리는 이

NFT는 가장 대표적인 컬렉터블 NFT입니다. 매트홀(Matt Hall)과 존 왓킨스(John Watkinson)가 만든 라바랩스는 2017년 6월 크립토펑크를 발행했습니다. 크립토펑크는 24x24픽셀 캐릭터로, 각 이미지 수가 1만 개로 제한되어 있기에 희소성이 있습니다. 그리고 독특한 외모, 성격, 스타일 등 희귀한 특성을 지닌 크립토펑크일수록 가치가 높아집니다. 구체적으로는 남자, 여자, 좀비, 유인원, 외계인의 5개 캐릭터로 구성되며, 기본 5개 캐릭터에 의상, 액세서리, 헤어스타일 등의 여러 속성을 랜덤하게 추가해 총 1만 개의 각기 다른 아바타가 있는 것이죠. 캐릭터를 숫자로 집계하면 남자가 6천 39개, 여자가 3천 840개, 좀비가 88개, 유인원 24개, 외계인은 9개로 외계인이 가장 희소하여 비싼 가격에 거래되곤 합니다. 2017년 출시 당시 크립토펑크 NFT는 적은 비용에 거래되었지만, 이후에는 약 100만 달러(12억 원), 혹은 그 이상으로 거래되기도 하였습니다. 2021년 6월에 거래된 크립토펑크#7523 (코비드 에어리언)은 약 1,175만 달러에 거래됐습니다. 코비드 에어리언은 크립토펑크 판매 역대 최고가이며, 당시의 구매자는 스포츠 베팅 게임사인 드래프트킹스의 최대 주주인 샬롬 메켄지였습니다. 크립토펑크는 희소성과 재미있는 캐릭터 디자인 등 요소에 힘입어 2020년 기준 6,772억의 매출을 달성했고 소유주는 전 세계 3,408명(전자지갑 기준)일 정도로 매우 큰 성공을 거두었습니다.

[그림 21] 크립토펑크 NFT(출처: 라바랩스)

지루한 원숭이 요트 클럽(BAYC)

살아서 움직이는 원숭이보다, 원숭이 그래픽이 더욱 비싸다면 믿어지시나요? 현재 세계에서 가장 가치 있다고 평가받는 NFT 컬렉션인 지루한 원숭이 요트 클럽이 그 주인공입니다. 지루한 원숭이 요트 클럽, BAYC는 블록체인 분야의 스타트업인 유가랩스가 2021년 4월에 발행한 NFT입니다. 발행 당시 출시 일주일 만에 매진될 정도로 높은 인기를 끌었습니다. 당시 마돈나, 스눕 독, 저스틴 비버, 에미넴 등 해외 유명 연예인이 구매하며 더욱 화제가 되었죠. 지루한 원숭이 요트클럽은 오픈씨에서 구매 가능하며 디자인은 약 1만 개로 구성됩니다. 캐릭터의 디자인은 그 이름처럼 지루해 보이는 표정의 원숭이를 표현합니다. 그리고 표정, 의상, 헤어, 색상, 액세서리 등 170개 이상의 특성이 랜덤하게 조합되어 고유한 캐릭터의 희소성을 지닙니다. 더욱 희소성이 있는 조합을 가질수록 가치가 올라가는 것이죠. 가장 비싸게 판매된 NFT는 21년 10월 소더비 경매에서 팔린 #8817 Ape로 가격은 819ETH(약 40억 원)입니다. 지루한 원숭이 요트클럽은 NFT 소유자에게 커뮤니티를 통한 부가적 효용도 제공합니다. 지루한 원숭이 요트클럽 NFT 소유자를 위한 축제로 갤러리 파티, 요트 파티, 굿즈 팝업 및 뉴욕 자선 만찬 등 다양한 행사가 제공됩니다. 따라서 사람들은 NFT 수집이나 투자 목적 이상으로 친목과 인맥을 위해 지루한 원숭이 요트 클럽을 구매하기도 합니다.

해시마스크

해시마스크는 카드 이미지 형태의 컬렉터를 NFT입니다[그림 22]. 전 세계 70명 이상의 크리에이터가 약 8개월간 1만 6,384개의 얼굴에 개성을 입힌 미술작품을 NFT화 한 것으로, 2021년 1월 게시한 작품이 5일 만에 매진되며 유명해진 NFT입니다. 당시 총 1만 6,384개의 NFT가 판매되며 약 1,400만 달러(한화 약 181억 원)의 수익이 발생했습니다. 각 해시마스크는 눈, 마스크, 피부, 캐릭터, 아이템 등의 특성을 갖고 있도록 설계되었습니다. 그리고 특성의 희소성에 따라 카드의 가치가 결정되죠. 재미있는 점은, 카드의 희소성을 소유자가 높일 수도 있다는 점입니다. 해시마스크를 구매한 소유자에게는 NFT의 이름을 변경할 수 있는 NCT(Name Changing Token)가 매일 10개 주어집니다. 그리고 소유자는 총 1,830개의 NCT를 모아서 자신의 해시마스크에 고유의 이름을 부여할 수 있습니다. 이렇게 붙여진 해시마스크의 이름이 희귀하면 희귀할수록 가치는 올라갑니다. 이 밖에도 해시마스크 창작자는 카드에 재미있는 요소를 숨겨 재미를 더했습니다. 해시마스크 카드 번호가 피보나치수열이거나, 카드 내에 또 다른 콘텐츠로 연결되는 QR코드가 삽입되어 있거나, 카드에 산스크리트어로 된 작은 메시지가 있는 등의 장치가 있습니다. 해시마스크 구매자는 구매 당시에는 몰랐던 재밌는 요소들을 후에 발견하고 재미를 느끼곤 합니다. 단순한 NFT를 넘어서 숨겨진 재미있는 요소를 넣었다는 점, 그리고 이름을 직접 부여할 수 있다는 창조적 영역을 제공했다는 점은 해시마스크의 성공 요인으로 꼽힙니다.

[그림 22] 해시마스크 NFT(출처: 해시마스크)

NBA 톱 샷

대퍼랩스가 2020년 하반기에 출시한 NBA 톱 샷은, NBA 카드를 디지털화하고 판매하는 스타플레이어 라이브 영상 카드형 NFT입니다[그림 23]. 사람들이 카드를 구매하는 방법은 크게 두 가지입니다. 첫째는 카드팩을 뽑는 방법이고 둘째는 마켓플레이스에서 거래하는 방법입니다. 사람들은 카드를 모아서 선수로 팀을 구성해 타인과 비교하고 경쟁할 수 있죠. 물론 아직까지 NBA 톱 샷의 경쟁 기능은 원활하지 않고, 지속적인 발전 단계에 있습니다. 그러나 경쟁 기능이 부족함에도 좋아하는 선수를 수집한다는 사실만으로 소유욕을 자극해 큰 인기를 얻고 있습니다. 카드의 가치는 선수, 등급, 그리고 시리얼 번호에 따라 달라집니다. NBA에서 인기가 많은 선수, 높은 등급(일반, 팬덤, 레어, 레전더리, 얼티메이트)의 카드, 앞번호가 선수의 등 번호와 동일한 카드의 가치는 올라갑니다. 현재 가장 고가에 판매된 카드는 르브론 제임스가 2019년 11월 15일 보여준 덩크슛 영상 카드인데, 총 49개의 한정 수량으로 발매되어 평균 구매가 약 8천만 원, 최고 구매가 약 2억 5천만 원에 거래되었습니다. NBA 톱 샷은 2021년 11월 기준 참여자 48만 명, 거래액은 한화 8,700억일 정도로 큰 성공을 거두었습니다. NBA 톱 샷의 성공비결에는 NBA 스포츠의 추억을 영구적으로 기록하고 싶은 팬들의 소망이 있었습니다.

[그림 23] NBA 톱 샷(출처: 대퍼랩스)

1.3__ 나의 얼굴을 NFT로? SNS의 NFT PFP

여러분의 프로필 사진은 얼마인가요? 여러분의 프로필 사진에는 가격이 부여될 수 있습니다. 바로 PFP(Profile Picture) NFT를 사용한다면요. PFP NFT란, SNS에서 프로필로 활용되는 NFT를 의미합니다. PFP NFT를 적용하고자 하거나, 적용한 SNS로는 카카오, 트위터, 인스타그램이 있습니다. 브라질의 축구 선수인 네이마르는 자신이 구매한 원숭이 그림 NFT를 트위터 프로필로 선정한 적이 있습니다. 그 그림은 BAYC NFT 중 하나로, 가격은 약 50만 달러에 달한다고 알려져 있습니다. 거대 SNS 기업이 PFP NFT를 도입하는 이유는 무엇일까요? 그것은 사람이 명품 옷을 입고자 하는 심리와 유사하다고 볼 수 있습니다. 사람들은, SNS 프로필 사진에 연인과의 투 샷을 올리기도 하고, 맛있게 먹은 음식을 올리는 등 자신의 가장 멋진 순간을 기록하곤 합니다. 그리고 다른 사람과 채팅할 때마다 상대방은 내가 올린 프로필 사진 이미지를 보게 되죠. 사람들은 현실에서 명품 옷을 입는 것처럼, SNS상에서 프로필 사진을 꾸미기 원합니다. 그리고 그들의 니즈에 부합한 것이 PFP NFT입니다. 전 세계에서 자신과 동일한 프로필 사진을 하는 사람은 어디를 찾아봐도 없기 때문이죠. PFP NFT는 판매도 가능합니다. 실제 명품을 착용하다가 중고로 파는 것처럼요. 그러나, 명품과 다른 점은 명품은 보존에 따라 손상이 될 수 있지만, PFP NFT는 디지털 자산이기에 디자인 손상의 방지가 가능하다는 점입니다. 그럼, 지금부터 PFP NFT에 적극적인 SNS의 사례에 대해 알아보겠습니다.

트위터

트위터는 NFT를 프로필로 설정할 수 있도록 지원하고 있습니다. 과거 NFT 소유자로부터 NFT를 소유했다는 사실을 타인에게 보이기 위해 프로필 사진에 자신이 보유한 NFT의 이미지를 등록하는 것이 유행이었습니다. 그리고 트위터는 NFT의 사진이 아니라 실제 NFT를 프로필에 등록할 수 있도록 했습니다. 트위터에서 이용자는 메타마스크, 코인베이스 월렛, 레인보우, 렛저 라이브, 트러스트

월렛, 아젠트 등 NFT 지갑을 연동해 NFT를 프로필로 설정할 수 있습니다. 또한, 트위터는 NFT의 소유를 증명하고 싶어 하는 사람들의 욕구를 이해하고 NFT 프로필 설정 시 프로필의 모양을 변경해 주는 방법을 채택했습니다. 일반 사진을 프로필로 등록한 사람은 일반 원형 모양의 프로필이라면, NFT로 프로필한 사람은 육각형 모양으로 프로필이 형성되어 보다 부각되는 것입니다. 또한, NFT 프로필은 모든 트위터 사용자에게 공개됩니다. 누구나 NFT 프로필 사용자의 프로필을 누를 시 해당 NFT가 어떤 마켓플레이스에서 인증되었는지 확인할 수 있습니다.

인스타그램

2022년 3월, 메타의 CEO인 마크 저커버그는 콘텐츠 행사 SXSW에서 인스타그램에 NFT를 도입할 예정이라고 하였고, 2022년 8월에는 페이스북과 인스타그램에 전자 지갑을 연결하고 NFT를 게시할 수 있다고 공지했습니다. 인스타그램에서 NFT를 자신의 인스타그램 프로필로 설정하고, NFT를 자신의 피드, 스토리, 메시지에 담아서 공유할 수 있게 된 것입니다. 또한, NFT 제작자나 소유주가 NFT를 공유하면 디지털 수집품(Digital Collectible)버튼이 생기고, 다른 사용자가 이 버튼을 누르면 NFT에 대한 정보 확인이 가능해질 것입니다. 인스타그램은 약 10억 명 이상의 월간 이용자를 보유한 SNS입니다. 따라서 NFT를 도입할 시 대규모 거래가 발생할 것입니다. 독일 은행 그룹의 도이체방크는 인스타그램이 NFT 마켓플레이스를 연다면 연간 최대 80억 달러를 얻을 것으로 예상하였습니다.

카카오톡

국내에서는 카카오톡이 PFP NFT에 관심을 보이고 있습니다. 카카오의 블록체인 계열사인 그라운드X는 2023년에 가상자산 지갑 '클립 2.0'을 선보일 예정입니다. 만약 카카오톡과 클립 2.0이 연동될 시 NFT가 디지털 카드화되어 카카오톡 내에 들어갈 수 있을 것입니다. 또한, 이와 관련해 업계에서는 PFP NFT를 카카오톡 프로필 사진으로 설정할 수 있을 것이라는 예상도 나오고 있습니다. 카카오톡은 사용자가 이모티콘을 등록해서 판매할 경우 수익 창출이 가능한 모델을 만든 이력이 있습니다. 그 후 카카오톡의 이모티콘 종류는 더욱 다양해졌고 사람들이 카카오톡에 머무는 또 다른 이유가 생겨났습니다. 이미 많은 사용자가 카카오톡에 자신이 제작한 이모티콘을 등록하고 수익을 창출하는 것을 경험해 보았기 때문에, NFT 도입 시에도 NFT 창작과 공유에 있어 더 적극적이고, 활발한 활동을 할 것으로 예상됩니다.

1.4_ NFT의 9가지 특성

그렇다면, 어떤 NFT가 더욱 가치 있는 NFT일까요? 이를 이해하기 위해서는 NFT가 가진 고유한 특성에 대해 조금 더 알아볼 필요가 있습니다. NFT의 특징으로는 희소성, 창작의 간단함, 소유성과 경제성, 기술 보안 신뢰성, 커뮤니티 등이 있습니다.

가. 희소성

"타임 세일! 선착순으로! 오늘만 판매합니다!"

이 문구를 보고 어떤 생각이 드시나요? 아마 대부분은, 이러한 문구가 없는 것보다 있을 때 더욱 강하게 소유욕을 느낄 것입니다. 상품이론에 따르면 희소성은 소유할 수 있는 모든 것의 가치를 증대시킵니다. 상품이론에서 이야기하는 것과 같이, 사람들은 조금 더 희귀한 물건, 나만이 가질 수 있는 것, 그리고 나만이 가진 경험에 높은 가치를 부여합니다. 세계 최대의 NFT 거래소인 오픈씨에서 창작자는 NFT 민팅 시, NFT 구매 가능 시간과 NFT의 발행 수량에 제한을 둘 수 있습니다. 오픈씨 이외에도 다양한 NFT 거래소는 창작자가 희소성을 부여할 수 있도록 하고 있죠. 그리고 NFT는 그 원본성을 보존해 주는 블록체인 위에 기록되기 때문에 모든 세상 사람은 각 NFT의 희소성을 너무나도 쉽게 알 수 있습니다. 우리는 NFT를 통해 과거 디지털 콘텐츠의 무한 복제가 가능했던 시대를 건너뛰었습니다. 그리고 디지털 콘텐츠에도 희소성을 부여할 수 있는 시대를 맞이한 것입니다.

나. 창작의 간단함

사람들은 민팅이라는 창작 과정을 통해 자신의 작품, 사진 등을 번거롭지 않게 NFT화 할 수 있습니다. 작품의 기반이 되는 사진은 휴대전화만 있으면 만들 수 있고, 디지털 아트도 포토샵, 혹은 최근 등장한 다양한 쉬운 툴로 제자할 수 있죠. 물론 NFT거래소에 따라 조금의 차이가 있지만, 누구나 민팅할 수 있는 환경은 NFT 작품의 퀄리티를 떨어뜨릴 가능성도 있습니다. 그러나, 처음부터 전문가만이 NFT를 민팅할 수 있는 것보다, 누구나 미팅이 가능하게 만든 오픈된 환경은 향후 더 나은 NFT를 만들어 낼 것입니다.

다. 소유성과 경제성

그동안, 각 분야에서 디지털 콘텐츠의 권리 보장 필요성을 주장했고 사람들은 디지털 콘텐츠 소유권을 증명하기 어려웠습니다.

그러나 NFT는 콘텐츠의 소유권을 블록체인에 기록하여 데이터 무결성을 보장하고 데이터 위조를 불가능하게 한다는 장점이 있어서 소유권 증명 문제를 해결할 수 있습니다. 그리고 소유권 문제에 대한 위험 요소가 사라지자 콘텐츠의 투자 가치는 빠르게 증가하기 시작했죠. 오늘날 NFT에 대해 사람들이 관심 두는 이유로는, 특정 대상을 독점적으로 가질 수 있다는 소유 가능성과 그것이 미래 투자 수단이 되리라는 믿음이 있습니다.

라. 기술 보안 신뢰성

자동차나 부동산 등을 거래할 때, 우리는 등록증을 살펴봅니다. 등록증을 보면 소유주 정보, 거래 기록 등을 알 수 있습니다. 작은 물건을 살 때도 영수증을 보고, 물건의 생산지를 살펴봅니다. 그리고 물건이 믿을만한 제품인지 확인하죠. 우리는 이렇게 물건의 가치를 판단합니다. 이는 디지털에서도 마찬가지입니다. NFT 거래의 기록은 블록체인이라는 영수증에 기록됩니다. 따라서 블록체인에 대한 신뢰도는, 영수증에 대한 신뢰를 의미하며, 물건의 가치 판단을 돕는 기준이 되죠. 만약 블록체인의 안정성에 대해 신뢰하지 않는다면, 내가 소유한 NFT가 없어지거나 가짜라고 생각할 것이고 NFT의 가치는 감소하게 됩니다. 따라서 NFT의 가치는 블록체인 기술에 대한 신뢰성과 밀접한 관련이 있습니다.

마. 커뮤니티

커뮤니티는 NFT의 가치를 높이는 수단이 될 수 있습니다. NFT 발행 기업은 NFT 보유자를 대상으로 하는 비밀 모임을 만들어 소속감을 줄 수 있습니다. 만약 아이돌 NFT라면, 아이돌의 팬을 비밀 커뮤니티로 불러 모아 아이돌의 숨겨진 사인회 등을 열 수도 있을 것입니다. 이는 아이돌에 대한 높은 충성도, 팬심으로 이어집니다. 그리고 한정판 제품 우선 구매권 등 혜택을 제공해 심리적 우월감을 느끼게 할 수도 있습니다. NFT발행기업이 커뮤니티를 활용한 다양한 사례에 대해 말씀드리겠습니다. 레이빙 고블린NFT를 발행한 에브리싱글모먼트는 레이빙고블린 NFT소유자를 대상으로 클럽이나 페스티벌 등에 참가할 수 있는 권리를 제공했습니다. 그리고 뉴욕 멘헤튼의 해산물 레스토랑 플라이피시에서는 NFT가 멤버십이 되어, 사람들은 NFT를 레스토랑 입장에 사용하거나, 타인에게 빌려주고 또 판매하기도 합니다. 이 밖에도 그라운드X는 클립 드롭스의 아티스트와 클립 드롭스 NFT의 소유주를 초청하는 오프라인 행사를 열기도 하였습니다. 이는, NFT의 작가와 NFT 소유주의 관계, 그리고 NFT소유들간의 관계를 강화하여 또 다른 미래로 이어지는 데 도움이 되었을 것입니다. 세계적으로 가장 대표적인 NFT라고 할 수 있는 지루한 원숭이 요트클럽(BAYC)의 성공비결로는 커뮤니티가 꼽힙니다. 그들은 암호화폐 급상승으로 부자가 돼 세상 모든 것이 지루해져 버린 원숭이라는 재미있는 세계관을 바탕으로 NFT소유주 대상 비밀 사교클럽을 만드는 것이 기본적인 컨셉입니다. 이러한 컨셉에 맞춰 BAYC는 BAYC NFT 소유주를 대상으로 2021년 10월 31일부터 11월 6일까지 ApeFest를 개최하기도 했고, 더 베쓰룸이라는 온라인 커뮤니티 공간을 제공하여 BAYC NFT 소유주를 대상으로 마음껏 낙서하고 대화할 수 있게 하기도 했습니다[그림 24]. 또한 2021년 6월에는 지루한 원숭이의 친구가 되어주는 강아지라는 컨셉으로 보어드 에이프 켄넬 클럽이라는 NFT를 발행했습니다. 그리고 BAYC NFT소유주에게 무료로 나누어 주었습니다. BAYC는 이처럼 NFT 커뮤니티를 활성화하며 소유주들에게 강한 소속감과 잊혀질 수 없는 경험을 제공했습니다.

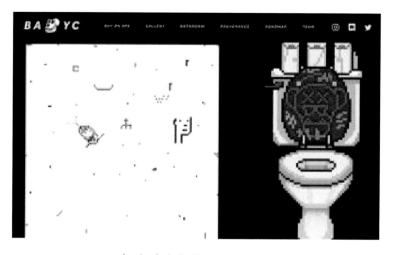

[그림 24] 더 베쓰룸(출처: BAYC 트위터)

바. 유동성 위험성

NFT 구매자는 자신이 해당 작품을 구매하는 마지막 사람이 아닐지에 대한 불안감을 느끼고 있습니다. NFT는 희소성의 보장으로 인해 극도의 경쟁적 선호 대상이 될 수 있으나, 반대로 관심이 낮을 시에는 외면의 대상이 될 수 있기 때문이죠. 예를 들어 지루한 원숭이 요트 클럽(BAYC)의 가격은 2021년 4월 40만 달러에서 2022년 6월 10만 달러 미만으로, 약 75% 감소했습니다. 동일한 기간에 비트코인의 시세가 55%가 낮아진 것과 비교해 보았을 때, 비트코인의 가격 변동성보다 더욱 큰 폭이었습니다. 또한 36억 원에 거래되었던 잭 도시 트위터 창업자의 첫 트윗 NFT 가격은, 입찰 희망가 약 1,000만 원대까지 떨어지기도 했습니다. 물론 반대로 가격이 단기간 내에 폭등하는 경우도 빈번하게 있었습니다. 이처럼 NFT는 현재 초기 단계이기에 가격의 변동성이 높은 편에 속합니다. 내가 구매한 NFT의 가격이 큰 폭으로 오른다면 투자가치로서 더할 나위 없이 좋겠지만, 가격하락으로 인한 유동성 위험도 늘 함께하기에 아직까지 투자목적의 구매자들은 늘 NFT구매를 망설일 수밖에 없습니다.

사. 콘텐츠 손실 위험의 가능성

NFT 민팅 시 블록체인에 저장 가능한 데이터양에는 한계가 있습니다. 따라서 디지털 콘텐츠는 별도의 공간에 저장되고, 콘텐츠로 이동할 수 있는 연결 URL만 블록체인에 기록하는 경우가 많습니다. 만일 NFT에 연계된 콘텐츠 파일이 블록체인 외부에 저장될 경우 파일 연결이 끊기거나 관리 소홀, 저장소 삭제 등의 다양한 불안요소에 따라 원본파일의 영속성이 보장되지 않을 가능성이 있습니다. 다양한 기관에서는 NFT 발행 시 원본파일의 손상 방지를 위해서 분산형 파일시스템(Inter Plantary File System)에 원본을 저장하는 경우도 많습니다. 그럼에도 이 역시 NFT가 저장되는 곳과 NFT의 원본 콘텐츠가 저장되는 공간이 다르기 때문에, 여전히 문제가 발생할 수 있습니다.

아. 환경 침해 위험성

블록체인에 NFT를 민팅하기 위해선 채굴이 필요합니다. 그리고 전원 공급이 가능한 곳에서는 누구나 채굴을 할 수 있습니다. 누구나 채굴할 수 있다는 점은 좋으나, 채굴 과정에서 많은 양의 탄소가 배출되게 된다는 환경 침해적 문제가 동시에 존재합니다. NFT가 환경에 미치는 영향에 대한 다양한 주장이 나타나며, 몇몇 예술가는 손실에도 불구하고 NFT 예술작품을 반대하기 시작하였습니다. 그리고 기후를 위한 블록체인 재단(Blockchain for Climate Foundation)의 창립자인 조셉 팔란트는, NFT로 인해 발생할 수 있는 이산화탄소의 배출량이 상업용 항공기의 배출량과 유사한 수준이라고 지적했죠. 소비자도 움직이고 있습니다. BTS NFT 발행 소식에 BTS 팬들이 탄소배출 문제로 보이콧을 선언한 사례도 있었죠

그렇다면 실제로 얼마만큼의 탄소가 발생할까요? 탄소발자국이란, 인간의 활동, 혹은 상품의 생산과 소비의 모든 과정에서 배출되는 온실가스를 이산화탄소로 환산한 총량을 의미합니다. Digiconomist에 따르면, 2021년 2월 기준 단일 이더리움 거래의 탄소발자국은 37.29kg로 추정되고 있습니다. 이는 우리가 유튜브를 약 6천 215시간 동안 시청할 때 발생하는 양과 동일한 수준입니다. 그리고, 크립토아트 풋프린트의 NFT 거래소에 대한 조사 결과에 따르면 2022년 3월 5일 기준 오픈씨 거래소 내 거래 2,000만 건에 대해 탄소 약 5억 5,000만kg이 발생했고, Rarible은 거래량 약 180만 건에 탄소 2,770만kg이, 그리고 SuperRare는 거래 32만 건에 대해 약 320만kg의 탄소가 발생했다고 합니다. 긍정적인 부분으로는, 이더리움이 NFT 거래 데이터 처리에 대해 높은 에너지 소비가 발생하는 작업증명(PoW)방식보다는 에너지 소비가 적은 지분증명(PoS)방식의 대체 메커니즘을 사용하는 방향으로 변화하며 탄소 발자국을 낮추기 위해 노력하고 있다는 점입니다. 이 밖에 현재

NFT로 인한 탄소 배출량을 줄이는 방법으로는 실사용 거래의 최소화가 대두되고 있습니다. 이는, NFT의 판매가 확정되었을 때와 같이 블록체인을 반드시 사용해야 하는 온체인 거래는 최소화하고, 불필요한 거래는 오프체인으로 전환하여 이산화탄소의 배출량을 최소화하는 것입니다.

이처럼 메타버스는 우리에게 많은 혜택을 가져다주지만, 그만큼 어두운 면도 존재합니다. 메타버스의 혜택을 수용하되 어두운 면을 최소화하기 위해선 메타버스의 발전을 기술적 영역에서만 보는 것이 아니라 인문학적 관점에서 바라보고 꾸준한 관심을 기울여야 할 것입니다.

자. 저작권 침해 위험성

NFT는 블록체인을 기반으로 디지털 콘텐츠의 소유권을 증명하는 것이며 콘텐츠의 저작권을 증명하는 것이 아니라는 점에서 저작권 침해의 문제가 발생할 수 있습니다. 실물 작품을 NFT화 하기 위해 디지털화하는 경우 원작자의 동의가 없었다면 복제권 침해가 발생할 수 있고, 그 NFT를 구매하는 사람 또한 피해를 보게 될 수 있습니다. 국내에서는 NFT 저작권 침해 문제로 NFT 작품 경매가 취소되는 사례가 있었습니다. 워너비인터내셔널은 이중섭의 '황소', 박수근의 '두 아이와 두 엄마', 김환기의 '전면점화-무제'의

NFT 작품 경매를 계획했으나, 저작권자들과의 저작권 협의 논란이 발생하여 결국 경매를 취소하기도 했습니다. 그리고 해외에서도 유사한 사례가 있었습니다. NFT 수집 업체인 '데이스트롬'이 장미셸 바스키아의 작품 '프리 콤 위드 파코다'를 NFT화 하여 경매에 내놓았지만, 바스키아 재단에서 저작권 이전 사실이 없다고 주장하며 경매가 취소되었습니다. 저작권자의 동의 없이 NFT를 발행한 후 잠적한 사례도 있습니다. 블록버스라는 게임은, 메타버스 플랫폼 마인크래프트를 통해 NFT를 발행하여 120만 달러(한화 약 14억)의 수익을 올리고 잠적하기도 했고 국내 게임개발사인 라이언게임즈는 누군가가 자사의 게임인 '소울워커'를 사칭한 유사 게임이 '소울워커'의 NFT를 판매하고 있으니 주의하라고 공지하기도 했습니다. 그리고 한때 밈으로 유행했던 개구리 페페 NFT 사건도 있는데요, 누군가가 오픈씨에 개구리 페페 이미지에 여러 요소를 부가한 7,000개의 NFT를 제작해 민팅했고, 개구리 페페의 제작자인 매트 퓨리가 저작권 침해로 신고한 결과 오픈씨가 해당 NFT의 게시를 막았습니다. 문제의 해결을 위해선 NFT의 유통을 아우르는 NFT 거래소에서 저작권 문제를 해결할 수 있는 조치를 개발해야 할 것입니다. 예를 들어, 실물을 NFT화 할 시 실물에 대한 저작권은 누구에게 있는지, 그리고 NFT화 하여 판매할 시 판매 수익의 쉐어는 어떻게 이루어지는 지 등 구체적으로 사전에 조율될 필요가 있을 것입니다.

지금까지 알아본 NFT의 특성 9가지는 [표 2]와 같습니다.

[표 2] NFT의 9가지 특성

NFT의 9가지 특성	설명
희소성	NFT는 발행 수량 제한과 유한한 구매 기간으로 소유욕을 자극하며, 블록체인을 통해 희소성이 증명됨
창작의 간단함	NFT를 창작하는 과정(민팅)은 상대적으로 간단하고 접근하기 쉬움
소유권과 경제성	NFT는 블록체인에 소유권을 기록하여 데이터 무경성과 소유권 증명을 보장하며 경제성을 향상시킴
기술 보안 신뢰성	블록체인 기술을 통해 NFT의 거래 기록을 신뢰할 수 있고, 데이터 위조를 방지함
커뮤니티	NFT 커뮤니티는 소유자들 간의 상호작용과 소속감을 형성하며, 다양한 이벤트와 혜택을 제공함
유동성 위험성	NFT의 가격은 시장의 수요와 관심에 따라 변동될 수 있으며, 구매자는 유동성 위험을 고려해야 함
콘텐츠 손실 위험의 가능성	디지털 콘텐츠는 일반적으로 외부 저장소에 저장되고, 블록체인에는 연결 URL만 기록됨. 이때 외부 저장소의 관리 문제로 원본 파일의 영속성이 보장되지 않을 수 있음
환경 침해 위험성	민팅을 위해 필요한 채굴은 탄소 배출을 동반하여 환경 침해적인 문제가 발생할 수 있음
저작권 침해 위험성	NFT는 소유권 증명에 중점을 두기에 저작권 침해 관련 문제가 발생할 수 있음

아바타, 가상 인플루언서, 메타버스 하드웨어

메타버스의 기반에는 NFT이외에도 아바타, 가상 인플루언서, 메타버스 하드웨어가 있습니다. 메타버스의 활용도와 효과를 높이기 위해선 기반 요소에 대한 이해가 필수적입니다. 메타버스에서 사람들은 아바타로 접속해 가상의 옷을 입고 타인과 소통합니다. 아바타이기에 시공간의 제약도 존재하지 않죠. 아바타에게 가상으로 브랜드의 체험공간에 초대해 제품을 체험시키고, 브랜드와 관련된 옷을 입힌다면 그 효과는 어떨까요? 모델보다 비용효율적이고 사건·사고의 염려가 없는 가상 인플루언서를 모델로 섭외한다면 어떨까요? 그리고 2D로 광고를 보는 것이 아닌 메타버스 하드웨어를 기반으로 3D 광고를 볼 수 있다면 그 효과는 기대 이상일 것입니다. 메타버스 광고의 효과를 높여줄 아바타, 가상 인플루언서, 메타버스 하드웨어를 소개해 드리겠습니다.

2.1__ 아바타란 무엇인가

아바타(Avatar)란, '하늘에서 내려온 자'라는 의미를 가진 산스크리트어 '아바타라(Avataara)'에서 유래된 단어로, 지상에 내려온 신이 사람 혹은 동물 형태로 나타나는 현상을 뜻합니다. 아바타라는 단어는 1986년 비디오 게임 Habitat에서 이용자의 캐릭터를 표현하는 단어로 사용됐고, 1992년 닐 스티븐슨의 소설 『스노 크래시』에서 본격적으로 사용되기 시작했습니다. 그리고 최근 메타버스 시대에 아바타는 '사이버 세상에 존재하는 나의 분신'이라는 의미로 사용되고 있습니다.

오늘날 우리는 신이 지상으로 내려와 자유롭게 모든 것을 창조하듯 현실 세계에서 가상 세계로 내려와 모든 것을 창조하곤 합니다. 디지털 세계에서 우리는 어쩌면 '신'이 아닐까요?

미래 사회 조금 더 발전한 형태의 아바타를 그린 영화인 〈레디 플레이어 원〉을 소개해 드리겠습니다. 영화의 배경은 지금으로부터 약 20년 뒤인 2045년입니다. 2045년엔 빈부격차가 매우 심해져 현실 세계는 더욱더 암울했습니다. 그러나, 사람들은 불행하지 않았습니다. 꿈과 희망이 담긴 가상현실 게임 '오아시스'가 있었기 때문입니다. 오아시스라는 가상의 세계에서 사람들은 현실과 달리 아름다운 옷을 입고, 맛있는 음식을 먹고, 원하던 자동차를 탈 수도 있습니다. 따라서 현실에서 만족하지 못하는 사람들은 퇴근 후 집으로 뛰어와 기계를 머리에 쓰고 게임에 접속해 자신이 주인공이 되는 새로운 현실에 몰두합니다. 주인공 웨이드는 빈민가에 사는 사람 중 한 명으로 그의 낡은 친구와 게임에 접속해 활동하는 것입니다. 그러던 중, 오아시스의 개발자가 사망하며 그의 유언이 공개됩니다. 유언은 오아시스 게임 내 미션을 완료하면 이스터 에그와 함께 오아시스의 모든 권한과 경영권을 주겠다는 내용이었습니다. 결국 주인공은 모든 미션을 달성하고 게임의 경영권과 소유권을 확보하죠.

영화 속 오아시스가 현실에 나타난다면, 우리는 현실의 욕구를 아바타로 가상에서 해소할 것입니다. 현실의 인간관계에서 지친 사람들은 아바타라는 익명성을 활용해 또 다른 아바타들과 소통할 것이고, 시공간의 제약 없이 해외여행, 축제 등에 자유롭게 참가할 것입니다. 사실, 오늘날 오아시스 가상 세계만큼의 기술은 아니지만, 우리는 제페토, 이프랜드, 로블록스 등 메타버스에서 아바타를 통해 낮은 수준의 오아시스를 경험하고 있을지 모릅니다. 다음으로는 메타버스에서 아바타가 가지는 강점에 대해 말씀드리겠

[그림 25] 영화 속 VR 체험 중인 사람(출처:래디 플레이어 원)

습니다. 아바타의 강점으로는 크게 이상의 실현, 시공간 제약의 붕괴, 익명성을 통한 소통이 있습니다.

이상의 실현

사람들은 자신과 닮은, 혹은 자신이 되고 싶은 아바타를 통해 가상 세계에 접속합니다. 그리고, 현실에서의 나를 아바타에 투영하여 맛있는 음식을 먹고, 여행을 가고, 이성을 만나며 현실에서의 욕구를 해소하죠. 이를 이해한 다수의 명품 브랜드는 제페토[그림 26] 등 메타버스 속에 아바타가 입을 수 있는 옷을 출시했습니다. 그리고, 몇몇 자동차 브랜드는, 값비싼 자동차를 실제로 몰고 싶어 하는 사람을 위해 메타버스 속에 가상의 자동차 체험 공간을 구현을 시도했죠. 또한, 메타버스에서는 나를 표현하는 아바타를 언제든 다시 만들 수 있습니다. 키가 크고 노란 머리를 한 30대 여성 아바타로 활동하다가 마음에 안 들면 키가 작고 붉은 머리를 한 10대 소녀 아바타로 변경할 수 있습니다. 남성은 여성의 삶을 살 수 있고, 나이 든 노인은 갓난아이의 삶을 살아 보기도 합니다. 이처럼 현실에서는 불가능한 삶을 가상 세계에서 아바타로 경험할 수 있는 것이죠.

[그림 26] 제페토 내 아바타 꾸미기 기능(출처: 제페토 앱 캡처)

시공간 제약의 붕괴

아바타에게 시공간의 제약은 존재하지 않습니다. 이용자는 아바타를 활용하여 언제 어디서든 은행에 갈 수 있고, 해외 축제에도 참여할 수 있으며 콘서트에도 갈 수 있습니다. 실제로 코로나19 팬데믹 당시에는 사람들 간 공간의 제약이 강화되었고 다양한 기관에서는 이를 해결하기 위해 메타버스 속에서 아바타를 대상으로 축제를 개최한 적이 있습니다. 현실의 축제에서는 100명의 사람을 모으기 위해선 충분한 공간을 대여하고 세트장을 구성해야 합니다. 그러나 메타버스에서는 단기간에 수천 명, 혹은 수만 명의 사람을 모을 수 있고 공간 대여비, 세트장 구성비용도 훨씬 저렴합니다. 한 예로 한림대의료원은 메타버스 플랫폼 디토랜드에 한림유니버스를 구축했고, 2022 한림 유니버스 메타버스 페스티벌 행사를 진행했습니다[그림 27]. 한림대 의료원, 한림대학교, 한림성심대학교 등 다양한 기관에서 교직원과 가족 1,700명이 참석했으며, 행사기간 10일간 누적 방문객 수 5,900명이 집계되며 매우 성공적인 축제를 진행할 수 있었습니다. 축제 공간에는 한림대학교 도서관, 대운동장 등이 가상으로 구현되었고 참가자는 자신의 아바타로 의사복, 간호사복, 평상복 등을 입은 뒤 메타버스에 입장했습니다.

[그림 27] 한림유니버스(출처: 한림대학교)

익명성을 통한 소통

소통에 대한 인류의 니즈는 단방향 소통의 TV, 라디오, 신문, 그리고 쌍방향 소통의 전화기와 인터넷 등의 탄생을 낳았습니다. 그리고 불과 10년 전부터 SNS가 등장했고 스마트폰을 통해 언제 어디서든 SNS로 다수의 사람과 연결될 수 있는 시대가 찾아왔습니다. SNS의 연결성을 통해 내가 올린 게시물이 모두에게 보여지고, 타인의 모습을 언제든 관찰할 수 있습니다. 그러자 타인의 시선을 의식하고 화장실에서도 SNS를 확인하게 되었고, SNS를 확인 못 하면 불안해지는 SNS 중독까지 생기고 있습니다. 최근엔 휴대전화가 없을 때 불안함을 느끼는 증상을 일컫는 신조어 '노모포비아(Nomophobia) 증후군'이라는 용어가 등장했을 정도입니다. 그러나 익명성을 바탕으로 하는 아바타는 이러한 문제를 해결해 줄 수 있습니다. 아바타를 활용하면, 신분을 노출하지 않고 타인과 소통을 할 수 있고 신분이 노출되지 않기에 SNS에서 타인의 시선을 의식하는 정도도 줄어듭니다. 또한 기존의 SNS와 비교했을 때 아바타는 동작, 표정 등을 자유롭게 취할 수 있기에 감정의 표현이 원활하죠. 아바타가 도입된 메타버스로는 로블록스, 이프랜드[그림 28], 제페토, 본디가 대표적입니다.

[그림 28] 이프랜드 내 아바타의 감정 표현(출처: SKT)

2.2__ 가상 인플루언서의 등장

오늘은 프랑스에서 화보를 촬영하고, 내일은 이탈리아에서 맛있는 피자를 먹고 다음 날은 한국에서 팬과 소통합니다. 어느 날은 우주에서 우리에게 이야기를 건네기도 합니다. 그들은 논란이 생길 수 있는 언행을 하지 않으며 파파라치에게 사생활이 노출될 일도 없습니다. 그들은 누구일까요?

가상 인플루언서란, 정교한 컴퓨터그래픽을 이용해 만들어 낸 인플루언서를 뜻합니다. 가상 인플루언서는 SNS, TV, 라디오, 라이브 커머스, 옥외 광고 등 다양한 영역에 침투하고 있습니다. 실제 연예인을 광고 모델로 섭외하던 브랜드들은 이슈에 휘말릴 리 없고, 비용도 실제 연예인보다 저렴한 가상 인플루언서에 집중하고 있습니다. 이미 수많은 가상 인플루언서가 광고에 등장했기에 아마 이 글을 읽고 있는 대부분의 독자님은 가상 인플루언서 광고를 한 번쯤 접했을 것입니다. 그럼, 지금부터 가상 인플루언서를 통한 광고에 대해 말씀드리겠습니다.

아담과 한유아

> 바람 되어 너의 머릿결을 흩어 놓고 날 알려도 너는 그냥 스쳐 지나는 바람인 줄로만 알지 그게 나였는데~ 비되어 너의 옷깃을 적시는 내 눈물도 너는 그냥 내린 비로만 알지
>
> 가상 인간 가수 '아담'의 노래 '세상엔 없는 사랑' 中

이는 사이버 가수 아담의 1집 Genesis의 대표곡인 〈세상에 없는 사랑〉의 한 구절입니다. 1998년 1월. 부족한 3D기술을 바탕으로 구현된 아담이 등장했습니다[그림 29]. 아담은 당시 놀라운 충격을 가져다주었고, 그 덕에 1집 앨범은 20만 장이 팔렸습니다. 그리고 비타민 음료 광고 등 무수히 많은 광고 촬영에 이어 심지어는 팬클럽까지 생겼습니다. 그러나 파격적이었던 아담은 2집의 실패와 함께 소리소문없이 사라졌습니다. 당시 우리에게 충격을 주었던 아담은 어디로 갔을까요? 코로나 팬데믹 이후 더욱 나은 그래

픽과 경험 요소가 더해져 아담을 대신할 새로운 가상 인간이 등장하기 시작했습니다.

[그림 29] 사이버가수 아담(출처: 아담소프트)

2022년 5월 25일 유튜브에는 한유아(YuA)의 신곡 〈I LIKE THAT〉 뮤직비디오가 공개되었고, 공개 5일 만에 조회수 600만 뷰를 돌파했습니다. 한유아는 인간의 감정을 탑재한 A.I이자 메타 휴먼 아티스트로, 운석 파장과 인공지능이 합쳐져 탄생했다는 설정을 갖고 있습니다[그림 30]. 한유아의 〈I LIKE THAT〉은 가상 세계에서 현실 세계로 넘어온 한유아가 바라본 아름다운 세상을 이야기하는 노래입니다. 가사 한 소절을 소개해 드리겠습니다.

I'm not fake And I'll be there 다 이뤄져 꿈이 it makes me better

어쩌면 한유아는 〈I LIKE THAT〉을 통해 600만 번 이상 지구인에게 보여졌기에 꿈을 이룬 게 아닐까요?

한유아의 뮤직비디오가 조회수 600만 회를 기록하며 널리 알려진 것은 아담의 세대인 1998년 대비 한유아의 세대가 가상 인간 광고의 파급력이 높을 수 있다는 사실을 입증합니다. 아담의 경우에는 당시 SNS도 활발하지 않았으며, 가상 인간이 소통할 수 있는 창구가 더없이 부족했습니다. 따라서 가끔 출연하는 방송, 광고만으로 소비자와 접하다 보니 생명력이 빠르게 소멸한 것이죠. 그러나, 한유아는 달랐습니다. 유튜브와 인스타그램 등 SNS를 통해 개인과 소통할 수 있었고, 한유아의 일상이 꾸준히 공유되었습니다. 그 결과 한유아를 팔로워하고 직접 댓글로 소통하는 팬들도 등장했습니다. 이러한 파급력 덕에 한유아는 600만 조회수를 달성할 수 있었죠.

한유아는 높은 파급력을 바탕으로 광고계까지 뛰어들었습니다. 광동제약은 한유와와 협업으로 옥수수수염차 TV CF를 제작했습니다. 한유아는 광고에서 댄스를 추며 MZ세대의 언어유희를 반영한 '옥 (옥수수수염차의 줄임말)' 구호를 반복합니다. 옥수수수염차는 다이어트에 관심 있는 MZ여성이 주요 타겟이라 기존에는 조보아, 선미 등 MZ세대 여성 연예인이 주로 모델에 발탁되었습니다. 그러

[그림 30] 가상 인플루언서 한유아(출처: 스마일 게이트)

나 광동제약은 처음으로 한유아라는 MZ세대 가상 인물을 광고 모델로 발탁한 것입니다. 광동제약의 한유아 모델발탁은 적절했고, 광고 온에어에 앞서 공개된 티저 영상의 유튜브 조회수는 100만을 넘으며 인터넷에서 화제가 되기도 했습니다. MZ세대가 추구하는 독특함과 한유아의 매력성이 부합하여 높은 관심을 불러온 것으로 추측됩니다.

로지

로지는 '오로지'라는 뜻의 한글 이름으로 싸이더스 스튜디오X가 개발한 가상 인플루언서입니다. 로지는 3D기술력을 바탕으로 MZ 세대가 가장 선호하는 얼굴을 모아 만들어졌고, MBTI, 나이, 관심사 등 가상 인플루언서임에도 실제 사람처럼 굉장히 디테일합니다 [그림 31].

[그림 31] 로지 프로필(출처: 싸이더스스튜디오 엑스)

로지는 2020년 8월 인스타그램에 계정을 생성한 뒤 일상 사진을 올리며 영향력을 높였습니다. 당시 로지는 가상 인간이라는 사실을 알리지 않은 채 활동했습니다. 그리고 2020년 12월에 로지는 자신이 가상 인간이라는 사실을 공표했고, 당연히 로지가 사람일 것으로 생각했던 사람들의 놀라움을 자아내었습니다. 이후 2021년 7월, 로지는 신한 라이프의 TV 광고로 모습을 드러냈습니다. 당시 신한 라이프는 로지의 이름을 넣은 MZ세대 전용 종신보험 상품을 출시했습니다. MZ세대 타겟의 상품을 내놓은 만큼 신한 라이프는 로지를 광고 모델로 채택하며 지루했던 생명보험사의 이미지 전환을 시도한 것입니다. 유튜브에 공개된 로지의 광고 영상은 일주일 만에 조회수 80만 회 달성, 그리고 3달 후에는 누적 조회수 1,000만 뷰 이상을 기록했습니다. 이처럼 신한 라이프는 로지를 통해 효과적인 광고를 할 수 있었고, 2022년 5월 16일에는 가상 인플루언서 로지와의 계약을 1년 더 연장하겠다고 밝혔습니다.

신한 라이프 외에도 로지는 쉐보레, 반얀트리 호텔, 질바이질스튜디오 등 8건 이상의 광고와 100개 이상 협찬을 받았고, 2021년에 벌어들인 수익이 무려 10억 원 이상이라고 알려져 있습니다. 로지는 노래를 공개하며 가수로도 데뷔했습니다. 로지의 가수 데뷔일은 2022년 2월 22일로, 데뷔 일이 가지는 숫자는 로지의 영원히 늙지 않는 22살을 의미합니다. 로지의 노래인 〈Who Am I〉는 유튜브와 음원사이트 등을 통해 공개되었습니다. 그리고 2023년 1월 31일, Who Am I의 유튜브 조회수는 108만 회를 기록하며 대성공을 거두었습니다.

루시

롯데홈쇼핑은 자체 전문 인력을 통해 29살의 가상 인플루언서 루시를 개발했습니다. 그리고 루시는 2021년 2월에 대중에게 처음으로 공개되었습니다[그림 32]. 루시의 직업은 디자인 연구원이자 패션모델이며 무려 7만 명의 팔로워를 보유한 메가 인플루언서입니다. 메가 인플루언서인 만큼 루시는 인스타그램에 일상적인 사진을 공유하며 팬들과 꾸준한 소통을 하고 있습니다.

[그림 32] 루시(출처: 루시 인스타그램)

루시는 자동차 마케터, 홍보모델, 엔터테이너 등 다양한 활동을 해왔으며, 2022년 12월에는 고객과 실시간 소통하는 라이브 커머스에서 진행자로 데뷔하였습니다. 당시 미우미우 가방 4종, 카드 케이스 3종을 판매했고 25분 만에 준비한 수량을 모두 완판시켰습니다. 이에 탄력을 받은 루시는 2023년 1월에 다시 한번 쇼 호스트로 출연해 비비안 웨스트우드의 액세서리와 가방을 판매했고, 루시의 패션 노하우를 전달하는 디지털 의상실 콘셉으로 스타일 연출법도 소개했습니다. 그리고 실시간 소통에 참여한 고객을 대상으로 경품을 제공하는 이벤트도 진행했습니다. 롯데 홈쇼핑은 루시 공식 유튜브를 개설하고 루시를 진행자로 하는 라이브 커머스 정기 방송을 꾸준히 진행할 계획이라고 밝혔습니다. 가상 인플루언서 루시의 쇼 호스트 도전은 마케터의 입장에서 매우 신선하게 다가옵니다.

릴 미켈라

나이는 19세, 브라질과 스페인의 혼혈로 로스앤젤레스에서 거주하는 소녀, 전 세계 300만 팔로워 수를 보유했으며, 2020년에만 패션, 명품, 화장품, 광고모델 등으로 한해 160억을 벌어드린 소녀. 그 주인공은 세계에서 가장 인기 많은 가상 인플루언서인 '릴 미켈라'입니다[그림 33]. 로봇 공학, 인공지능, 미디어 비즈니스 관련 전문성을 갖춘 미국의 스타트업 브러드(Brud)에서 탄생한 그녀는, 2016년에 인스타그램에 처음 모습을 드러냈습니다. 릴 미켈라는 특유의 외모와 자연스러움, 스타일로 인해 패션과 뷰티 분야에서

인정받았습니다. 세계적 유명 브랜드인 프라다, 샤넬, 겐조 등과 협업을 하기도 했고 잡지의 표지모델이 되기도 했죠. 단기간에 가상 인플루언서로서 유명해진 릴 미켈라는 인스타그램에 모습을 드러낸 지 2년 만인 2018년에 『타임』지 선정 인터넷에서 가장 영향력 있는 사람 25인에 포함되었습니다. 당시 영향력 있는 사람 목록에는 방탄소년단도 있었습니다. 그리고 2019년 4월에는 패션 브랜드 'CLUB 404'를 론칭했고 최초 출시된 양말, 스웨트셔츠가 모두 즉시 품절될 정도로 높은 관심을 받았죠.

릴 미켈라는 패션에 강하지만 가상 인플루언서인 만큼 패션에만 강한 것은 아닙니다. 그녀는 음악 영역에도 손을 뻗었습니다. R&B, Electronic, PoP에 관심이 있는 릴 미켈라는 2017년 8월에 첫 싱글 곡인 〈Not Mine〉을 발매했고, 2021년에는 〈Hard Feelings〉이라는 곡을 발표하는 등 꾸준한 음악 활동을 하고 있습니다.

그녀는 사회 운동가이기도 합니다. 릴 마켈라의 인스타그램 프로필에는 #Black Lives Matter이라는 문구가 적혀있는데요, 이는 아프리카계 미국인에 대한 경찰의 잔인함에 대한 비판의 목소리를 의미합니다. 이 밖에도 릴 마켈라는 사회의 약자를 위해 꾸준한 인권 운동을 하고 있다고 합니다. 어쩌면 그녀는 가상 세계 속에서도 세상을 돕는 눈을 가졌을지 모릅니다.

[그림 33] 릴 미켈라 인스타그램 프로필(출처: 릴 마켈라 인스타그램)

2.3__ 메타버스 하드웨어

1991년, 소설 〈스노 크래시〉에서 우리는 메타버스의 미래를 경험했습니다. 현실과 다름없는 가상공간, 아바타를 통해 느껴지는 촉감과 청각은 1991년 사람들을 놀라게 하는데 충분했습니다. 그리고 30년이 지나 2022년, 과거에 놀랐던 마음은 두근거림으로 바뀌었습니다. 가상현실, 증강현실. 혼합현실, 공상과학 등 머나먼 이야기일 것 같았던 세상은 우리 앞에 메타버스를 통해 나타난 것입니다.

혁신의 첫 단추는 인터넷의 발달이었습니다. 인터넷을 통해 우리는 시공간의 제약없이 다양한 사람과 만날 수 있었고 빠른 혁신 속에서 즐겁게 지낼 수 있었습니다. 그리고 오늘날에는, 인터넷을 통해 새로운 세상인 메타버스에 접속해 전보다 더 풍부한 경험을 할 수 있게 되었습니다. 물론 인터넷만 있더라도 대부분의 메타버스에 접속하고 활동할 수 있습니다. 이는 메타버스의 진입장벽을 낮추는 요인이기도 하죠. 그러나 인간은 언제나 더욱 나은 경험을 원합니다. 예를 들어 아바타를 통해 가상현실에 접속해 다른 아바타와 전투할 시, 특수 장비가 없더라도 몰입감과 현실감을 느낄 수 있습니다. 그러나 만약 정말로 촉감이 느껴지면 어떨까요? 만약 다른 아바타를 주먹으로 때릴 시 나의 주먹에 감촉이 느껴지거나, 상대가 나의 배를 가격할 시 배에 압박감이 느껴진다면, 우리는 더욱더 높은 몰입감을 느낄 것입니다. 기업은 메타버스 하드웨어를 통해 더욱 실재감이 높은 광고를 실행할 수 있습니다. 기존에 시각과 청각에 의존하던 미디어 광고는, 촉각과 그 이상의 감각, 그리고 현실감을 줄 수 있을 것입니다.

다음으로는 메타버스의 경험을 높여줄 하드웨어를 소개해 드리겠습니다.

메타의 햅틱 글러브

메타의 리얼리티 랩스는 2021년 11월 7년의 연구 끝에 메타버스 공간을 손으로 생생히 만지고 느낄 수 있는 햅틱 글러브 시제품[그림 34]을 공개했습니다. 햅틱 글러브에는 액추에이터라는 팽창식 에어패드가 부착되어 있습니다. 이를 통해 착용자는 손가락 마디와 끝, 밑면 등으로 촉각을 느낄 수 있습니다. 액추에이터의 배치에 따라서 사용자가 느낄 수 있는 촉각의 정교함과 현실감이 증가합니다. 느낄 수 있는 촉각으로는 사물의 무게, 압력, 진동, 심지어는 질감과 통각, 냉각, 온각 등이 있습니다. 햅틱 글러브를 착용한 채 AR, 혹은 VR공간에서 사물을 잡거나 느끼면 에어패드의 팽창 수준이 조절되며 손바닥의 각 부분에 마치 물체에 닿는듯한 압력이 가해집니다. 그리고 장갑의 뒷면에는 손가락 움직임의 추정이 가능한 마커가 있고, 손가락이 구부러지는 형태를 촬영하기 위한 내부 센서도 부착되어 있습니다. 만약 VR헤드셋과 햅틱 글러브를 동시에 착용한 채 가상 세계에 접속하고 다양한 촉감을 경험한다면, 촉감과 시각에 음성까지 더해져 더욱 높은 현실감을 느낄 수 있을 것입니다. 메타 리얼리티 랩스의 수석과학자인 마이클 애브래쉬(Michael Abrash)는 "메타는 사용자에게 풍부한 피드백을 제공해, 양손을 완전히 활용할 수 있도록 하고자 합니다. 햅틱 장갑은 메타의 메타버스를 향한 미래에 가장 중요하고, 제작하기 어려우며 장기적 위험성이 큰 장비지만, 햅틱 장갑을 한 번 보급한다면, VR은 사용자가 거의 모든 활동을 효과적으로 할 수 있는 환경이 될 것입니다."라고 말했습니다. 다만 아직, 햅틱 장갑의 개발은 초기 단계이기 때문에 액추에이터 구동에 필요한 전력을 유선으로 끌어와야 하고, 크기나 부피 또한 일반 장갑보다는 거대합니다. 따라서 휴대에 한계가 있습니다. 그리고 가상현실에서 물체를 만짐과 동시에 장갑에 자극이 와야 하는데, 그 시간적인 간격을 메꾸는 것은 더욱더 발전이 필요할 것으로 보입니다. 만약 햅틱 장갑이 더욱 발전해 그 쓰임새가 활성화된다면, 광고, 엔터테인먼트, 의료, 과학, 체육 등 다양한 산업분야에서 사용될 것으로 전망되고 있습니다.

[그림 34] 햅틱 글러브 시제품(출처: 메타)

비햅틱스의 촉각슈트

전 세계 촉각슈트 시장에서 큰 인기를 끌고 있는 스타트업인 비햅틱스, 그리고 그들의 촉각슈트에 대해 소개해 드리겠습니다. 대전에 위치한 스타트업 비햅틱스는 세계 최대 규모의 첨단 기술 전시회인 CES 2021에서 촉각슈트 TactSuit X(X40, X16) 시리즈를 선보였습니다[그림 35]. 촉각슈트는 사용자가 VR, AR, 영화, 게임 등에서 경험하는 모든 것을 촉각피드백으로 재현하여 실제로 느낄

메타버스 마케팅 광고 미디어 가능성

수 있도록 지원하는 제품입니다. 비햅틱스의 TactSuit X시리즈 중 X40은, 각각의 컨트롤이 가능한 40개의 모터가 장착된 조끼형태의 슈트입니다. 해당 조끼를 착용하고 가상 세계를 경험하면 조끼에 부착된 다양한 모터의 조합에 의해 감각이 느껴지고 실제로 가상 세계에 존재하는 듯한 느낌을 받게 됩니다. 예를 들어, 가상현실에서 FPS게임을 하다가 나의 아바타가 상대의 총에 맞으면 그 순간에 슈트의 복부 부분이 작동하여 총에 맞은 듯한 감각을 느낄 수 있습니다. 그리고 X16은, 모터의 개수가 16개로 줄어들고 간격이 낮아져 사용자의 접근성이 향상된 버전입니다. 무게도 1kg 미만으로 가벼워 편하게 착용이 가능하고 하프 라이프 알릭스, 파스모포비아, 파블로프, 온워드 등 전 세계 유명한 VR게임과 연동할 수도 있습니다. TactSuit X40은 성능, 디자인. 그리고 콘텐츠와 연동 가능한 촉각슈트라는 점을 높이 평가받아 CES에서 '가상 및 증강현

[그림 25] 영화 속 VR 체험 중인 사람(출처:레디 플레이어 원

실 부문'에서 '혁신상'을 수상하며 높은 기대감을 모았습니다. 앞으로 촉각슈트가 더욱 발전한다면, 메타버스의 현실감은 배가되어 다가올 것입니다.

애플의 비전 프로

"원 모어 씽(One more thing)",

스티브 잡스가 아이팟, 아이폰, 아이패드 등 주요 신제품을 공개할 때 썼던 문구는, 2023년, 애플세계개발자대회(WWDC: Worldwide Developers Conference)에서 비전 프로의 등장과 함께 다시 한 번 울려퍼졌습니다.

비전 프로는 혼합 현실(MR) 헤드셋이자, 공간 컴퓨팅(Spatial Computing)의 시작입니다. 이때 공간 컴퓨팅은, PC처럼 특정 기기를 통해서만 인터페이스가 가능했던 것과 달리 모든 실제 공간을 배경으로 디지털 콘텐츠를 활용할 수 있다는 것을 의미합니다. 만약 여러분이 비전 프로를 머리에 착용하면, 앱 화면과 가상의 콘텐츠가 현실 공간에 떠 있는 듯한 모습을 볼 수 있을 것입니다. 그리고 현실 공간 속 가상의 것을 보고 만지며, 간단한 움직임만으로 상호작용 할 수 있죠.

그렇다면, 향후 비전 프로는 어떤 용도로 사용될까요? 애플은 월트디즈니와의 협력을 통해 작게나마 그 미래를 보여주었습니다. 애플은 비전 프로에서의 시청 경험을 보여주는 녹화 영상을 공개했습니다. 영상에서는 가상의 디즈니랜드 테마파크가 비전 프로를 통해 사용자가 있는 물리적 공간에 투사되어 높은 현장감을 주는 모습이 담겨져 있었습니다. 이외에도 스포츠 경기를 비전 프로로 보면 마치 경기장에 들어간 듯한 3D 공간감을 느낄 수도 있다고 합니다. 비전 프로의 출시 가격은 3,499달러로 한화 456만 원 수준이고, 실제 판매는 2024년 미국에서 시작될 예정입니다. 물론 초기의 높은 가격은 향후 규모의 경제로 점차 낮아질 것입니다.

팀 쿡 애플 CEO는 "비전 프로는 사용자들에겐 엄청난 경험, 개발자들에겐 신나는 새로운 가능성을 제공하게 될 것"이라고 하며 새로운 시대를 암시했습니다. 팀 쿡이 여는 공간 컴퓨팅의 시대가 기대되는 날입니다.

[그림 37] 비전 프로(출처: 애플)

지금까지 광고 미디어로써의 메타버스와 메타버스의 기반이 되는 요소인 NFT, 아바타, 가상 인플루언서, 메타버스 하드웨어에 대해 알아보았습니다. 메타버스는 멀리 있는 것이 아닙니다. 현재도 다양한 기업은 메타버스와 메타버스의 기반이 되는 요소들을 통해 광고하고 있습니다. 소비자를 대상으로 메타버스 체험공간, VR마케팅, AR패션 체험 등을 제공하고, 내부 인재를 대상으로는 메타버스 교육, 채용 설명회 등을 하기도 합니다. 그럼, 소비자를 향한 메타버스 광고와 인재를 향한 메타버스 광고를 분류하여, 순서대로 소개해 드리겠습니다.

Ⅳ

메타버스,
광고 미디어로써의 가능성

소비자를 향해 광고하다

업종을 막론하고 패션, 유통, 뷰티, 차량, 금융, 심지어는 인테리어와 보험산업에서 기업은 메타버스로 소비자를 향해 광고하고 있습니다. 그리고 이들은 메타버스의 강점을 적극적으로 살리고 있죠. 몇몇 기업은 NFT가 가진 커뮤니티, 그리고 희소성과 소속감의 특성을 이해하고 NFT를 도입해 브랜드를 홍보합니다. 그리고 아바타의 시공간 제약의 붕괴, 이상의 실현이라는 특성을 바탕으로 체험관을 만들어서 현실에서 부를 수 없는 소비자를 부르고 현실에서 불가능한 경험을 시켜주기도 합니다. 다음으로는 메타버스를 통해 소비자를 대상으로 광고하는 기업의 사례를 소개해 드리겠습니다. 여러분이 기업의 마케팅 담당자라면 소개해 드리는 사례를 참고해 전략을 수립하고 마케팅의 활로를 찾을 수 있을 것입니다.

1.1__ 패션

구찌

　구찌는, 탄생 100년이 넘은 명품 브랜드입니다. 오랜 전통을 지닌 구찌는, 새로운 소비자인 MZ세대를 끌어오기 위해 메타버스 광고를 활용했습니다. 2021년 5월에 구찌는 구찌 가든 아키타이프라는 가상의 전시회를 로블록스에 오픈하였습니다. 구찌는 구찌 가든 아키타이프에 구찌의 디자인, 역사, 테마를 볼 수 있도록 관련 요소들을 전시하였고 로블록스에서 구매할 수 있는 아바타용 한정판 아이템도 출시했습니다. 놀라운 점은, 로블록스상에서 출시된 아이템은 실제 구찌 제품으로 존재한다는 점입니다. 따라서 로블록스에서 사람들은 가상의 아바타에 구찌 명품을 입혀본 뒤, 마음에 들면 실제로도 구찌 제품을 구매할 수 있는 것입니다. 로블록스에서 판매되는 가상의 패션 제품이 현실의 제품보다 비싸게 팔리기도 하였습니다. 로블록스 내 구찌의 가상 핸드백은 현실에서 판매되는 진짜 가방 보다 약 800달러가 더 비싼 4,115달러(한화 약 500만 원)에 판매되었죠.

　구찌는 제페토를 통한 광고도 진행했습니다. 구찌는 제페토에 구찌 본사가 위치한 이탈리아 피렌체를 배경으로 하는 '구찌빌라' 맵을 선보였고 의류, 가방 등 60여 종의 가상 패션제품을 판매했습니다. 제페토에서 판매되는 구찌 아이템의 대략적인 평균 가격은

30ZEM 내외인데, 이는 한화로 약 2,000~3,000원 정도입니다. 실제로는 몇백만 원이 있어야 입을 수 있는 구찌 제품을 가상에서는 만원이 안 되는 가격에 입어볼 수 있는 것이죠. 실제로 다수의 사용자는 구찌 빌라 내에서 구찌 제품을 입고 다른 사용자와 이야기하며 멋진 경험을 쌓을 수 있었습니다. 이후에 구찌는 제페토에서 구찌 가든 아키타이프 서울 전시회 열었고 이전 구찌빌라와 마찬가지로 큰 성공을 거두었습니다. 공개 한 달 만에 약 75만 명이 몰렸으며, 이를 배경으로 사진을 찍거나, 동영상을 제작한 것은 약 5만 7,000건에 달했습니다. 그리고, 이 과정에서 구찌가 제페토 내 아키타이프 서울 전시로 판매한 제페토 아이템은 약 11만 개 이상이라고 합니다.

[그림 37] 구찌 가든(출처: Gucci)

구찌는 2019년에 증강현실을 활용한 마케팅도 펼쳤습니다. 2019년 스타트업 회사 워너비(Wannaby)와의 협력으로 구찌는 앱에 AR 기능을 추가한 운동화 피팅 서비스를 출시했습니다[그림 38]. 구찌 앱에 접속한 후 원하는 가상 운동화를 고르고 스마트폰으로 자신의 발을 비추면, 가상의 운동화를 신은 자신의 발이 카메라에 비춰집니다. 앱은 발의 움직임을 실시간으로 포착할 수 있기에 발을 여러 각도로 움직이더라도 이질감이 없고, 움직임에 따라 디자인이 사라지지 않는다는 장점이 있습니다. 사람들은 어떤 옷에 구찌 신발이 어울릴지 쉽게 테스트해 볼 수 있고, 그 모습을 이미지로 저장해 SNS에 공유하기도 합니다. 또한, 구찌 신발을 증강으로 체험하다가 마음에 들면 공식 온라인 매장으로 연결되는 링크를 클릭해 즉시 원하는 신발을 구매할 수도 있습니다.

[그림 38] 구찌 앱에서 가상으로 신발을 신어보는 사진(출처: Gucci)

나이키

'JUST DO IT!'

유명한 광고 속 카피와 같이 나이키는 메타버스에서 새로운 도전을 하였습니다. 나이키는 MZ세대 마케팅을 위해 로블록스에 나이키 본사를 본뜬 나이키랜드(Nike Land)를 오픈했습니다. 이용자들은 나이키랜드에서 자신의 아바타에 나이키 제품을 입히기도 하고, 피구게임, '바닥은 용암이야'게임 등 미니게임을 즐길 수도 있습니다. 나이키는 이용자가 다양한 곳에서 게임을 즐길 수 있게 하기 위해 나이키빌딩, 운동장, 아레나 등도 맵에 구현해 다양성을 더하였습니다. 이용자는 가상의 블루 리본과 금메달을 획득하기 위해 나이키랜드에서 이스터에그를 찾아 다닙니다. 블루 리본은 건축 자재를 얻는 데 사용 가능하고, 금메달은 아바타용 가상의 상품을 잠금 해제하는 데 사용되죠. 이곳에서 사람들은 게임을 즐기는 것뿐 아니라, 창작도 할 수 있습니다. 나이키랜드에서 제공하는 도구 키트를 사용해 자신만의 미니게임을 만들 수 있습니다.

나이키랜드의 또 다른 재미있는 점은, 스마트폰 가속계를 활용하였다는 점입니다. 스마트폰 가속계를 통해 사람의 실제 움직임이 온라인에 그대로 적용될 수 있습니다. 예를 들어 자신의 움직임을 아바타의 움직임으로 변환해 피구, 달리기 같은 미니게임을 할 수도 있는 것입니다. 나이키랜드 내에는 나이키 디지털 쇼룸도 존재하는데요, 사람들은 아바타를 통해 이곳에 들어가서 전시된 나이키 옷(나이키 에어포스1, 나이키 블레이저 등)을 무료로 입어볼 수 있습니다. 쇼룸에 전시된 디지털 제품은 실제 나이키에서 판매되는 제품을 모델로 만들어진 것입니다. 앞으로 나이키가 메타버스를 활용할 수 있는 방안은 무궁무진할 것입니다. 예를 들어, 신제품을 메타버스에서 출시한 후, 사람들이 무료로 자신의 아바타에 신제품을 착용할 수 있도록 합니다. 그리고 사람들의 후기 데이터를 수집해 제품 테스트를 가상으로 실시할 수 있을 것입니다. 실제 제품을 출시해 대중에게 테스트하는 것과 비교하면 매우 저렴하게 테스트할 수 있죠.

JUST DO IT! 메타버스를 통해 새로운 마케팅을 펼치고 있는 나이키처럼, 무궁한 가능성을 지닌 메타버스로 광고해 보는 건 어떨까요?

머렐

아웃도어 브랜드 머렐은 하이킹 신발 Carpa를 론칭했습니다. 그리고 Carpa의 성공적인 론칭을 위해 머렐은 VR 체험을 활용했습니다. 우선 머렐은 현실공간에 트레일스케이프(Trailscape)라는 VR 체험존을 구성한 후 사람들을 초대하고, 그들에게 가상의 Carpa를 신겼습니다. 사람들은 가상에서 Carpa를 신고 급경사로 이루어진 산에서 가상의 흔들 다리를 건너고, 바람이 부는 돌길을 걸으며 재밌는 하이킹을 경험했습니다[그림 39]. 여기에 실재감을 더하기 위해 머렐은 현실의 땅을 가상에서 보이는 땅과 같은 감촉으로 구성했고, 가상에서 바람이 불면 실제 땅이 흔들리도록 설정했죠. 머렐은 기존의 VR 체험 마케팅에서 더 나아가 현실과 가상을 혼합하여 더욱 확장된 경험을 제공한 것입니다. 결과적으로 머렐은 사람들에게 실제로 신발을 신기지 않고서도 가상 체험존을 통해 더 나은 체험을 줄 수 있었습니다. 만약 향후 VR 기술이 더욱 발전한다면 체험존의 설치 없이도 소비자에게 가상의 신발을 신기는 마케팅이 가능할 날이 올 것입니다.

[그림 39] 머렐의 VR 체험 마케팅(출처: 머렐 유튜브)

1.2__ 유통

CU

제페토 내 한강공원 맵에는 ZPT25라는 편의점이 있었습니다. 이곳에는 일반적인 편의점에 있는 상품이 진열되어 있었죠. 그러나 아바타로 잡을 수 있는 상품은 소수였고, 구체적인 상품 이름도 표시되지 않았습니다. 이를 본 BGF리테일은 새로운 기회를 발견했습니다. 2021년 5월 BGF리테일은 네이버Z와 협력하여 제페토 내 한강공원 맵을 리뉴얼했습니다. 그 결과 ZPT25라는 구색만 갖춘 편의점은 CU제페토 한강공원점이라는 더욱 개성있는 형태의 가상 편의점으로 바뀌었습니다[그림 40]. CU제페토 한강공원점에 아바타로 입장하면, CU의 캐릭터인 '하루'가 인사를 하며 맞이합니다. 그리고 사람들은 아바타를 통해 하루와 놀 수 있고, 함께 찍은 사진을 피드에 공유해 CU모바일 상품권을 받는 이벤트에도 참가할 수 있었습니다. 이 외에도 CU는 가상의 편의점에 등장하는 삼각김밥 아이템을 획득하고 SNS에 인증하면 실제 편의점 삼각김밥으로 교환해 주는 이벤트도 열었습니다. 가상 편의점 내 진열대는 CU에서 실제로 판매하는 상품(곰표 팝콘, 허니버터 아몬드, 우유라면, 치즈 맛 라면, 햇반컵반 등)으로 구성되었고 사람들은 아바타를 통해 상품을 만져볼 수도 있습니다. ZPT25가 CU 제페토 한강공원점으로 새롭게 단장되며 가장 크게 변화된 것은 루프탑 테라스와 버스킹 공간입니다. CU제페토 한강공원점에는 기존 ZPT25에는 없었던 가상의 루프탑 테라스가 구현되었고, 아바타가 쉬고 갈 수 있도록 의자가 차려졌습니다. 루프탑에는 한강을 보며 커피를 마실 수 있도록 CU의 커피머신이 설치되어 있습니다. 그리고, 1층에 있는 버스킹 공간에서 악기를 터치하면 아바타가 직접 악기를 연주하는 것과 같은 모션이 나타났습니다. 몇몇 사람들은 가상의 편의점에서 놀며 가상의 편의점 옷을 입어보기를 원했습니다. CU는 이러

[그림 40] CU제페토 한강공원점(출처: BGF리테일)

한 사람들의 니즈를 파악해 CU 로고가 새겨진 의류, 가방, 모자 등 가상의 패션 아이템을 판매했고, 총 50만 개 이상의 판매를 기록했습니다.

CU는 CU제페토 한강공원점에서 끝나지 않고, CU제페토 교실매점, CU제페토 지하철역점도 오픈했습니다. 2021년 12월 말 기준 방문자 수는 각각 2,880만 명, 7,280만 명, 1,460만 명으로 총 1억 명을 넘길 정도였고, 제페토 선정 2021년 최애 공식맵 상위 10위에 교실매점과 한강공원 맵이 오를 정도로 큰 성공을 거두었습니다.

이마트24

이마트24는 메타버스 모바일 앱 E-verse(Emart 24+Universe)를 출시했습니다. 그리고 상품을 자연스럽게 노출하고, 브랜드를 각인시키는 데 성공했습니다. 이마트24는 글로벌 게임사인 '그램퍼스'와 협업으로 14개월간의 개발 과정을 거쳐 E-verse를 출시하였습니다. E-verse 앱에 접속한 사람들은 앱 내 '게임포털'에 접속하면 도시락만들기, 이프레쏘 원두커피 만들기, 이마트24 상품 다른 그림 찾기, 우주 배송 등 이마트24와 관련된 게임을 즐길 수 있습니다. 게임을 할수록 게임의 난이도는 높아지며 매주 게임 포털 내 1위에서 100위를 선정하고 추가 보상을 제공합니다.

E-verse 앱의 가장 독특한 점은, 현실과 메타버스의 연결입니다. E-verse에서 게임을 완료하면 이용자는 점수, 경험치, 골드, 그리고

루비를 획득할 수 있습니다. 골드는 E-verse의 '코스튬'을 구매해 아바타를 꾸미거나 '프리미엄 행운의 룰렛'을 돌리는 등의 용도로 사용됩니다. 그리고 루비는 오프라인 매장이나 앱에서 일정 금액 이상 결제 시 사용 가능한 쿠폰으로 교환됩니다.

E-verse의 또 다른 재미있는 점은, 기존 앱과는 전혀 다른 UI와 UX를 도입했다는 점입니다. E-verse는 앱 전체가 하나의 가상공간처럼 느껴지게 하기 위해 가상의 이마트24 매장에서 아바타가 돌아다니는 듯한 디자인을 메인 페이지에 구현하였습니다. 이와 함께 배달, 구매, 구독, 택배 등 다양한 기능을 접목해 사용자가 가상 편의점을 생동감 있게 경험할 수 있도록 하였습니다.

E-verse의 출시 목표는 이마트24의 습관화입니다. 관련하여 이마트24 마케팅 담당자는 "고객이 계속해서 이마트24를 떠올리고 찾도록 하는 이마트24의 습관화를 통해 가맹점 매출이 증대될 수 있도록, 기존 유통업계의 모바일 앱 상식을 완전히 뒤엎는 혁신적인 앱을 선보이게 됐다"고 밝혔습니다.

그리고 이마트24는 편의점 최초로 자체 캐릭터 '원둥이' NFT를 활용한 멤버십 서비스를 출시했습니다[그림 41]. 이마트24는 원둥이 NFT 구매자를 대상으로 할인쿠폰과 일부 카테고리 상품에 대한 1,000원 할인 쿠폰 3장을 1년 동안 매달 제공하였습니다. 그리고 E-verse 앱에서 사용할 수 있는 원숭이 코스튬을 제공해 고객의 이마트24 락인 효과를 기대했습니다.

[그림 41] 원둥이NFT(출처: 이마트24)

1.3__ 뷰티

빌리프

LG생활건강은 자사 브랜드 빌리프와 관련된 스토리 텔링형 세계관을 갖고 있습니다. 그리고 소비자에게 세계관을 전달하기 위해 제페토에 빌리프 유니버스 맵을 오픈했습니다[그림 42]. 제페토에서 아바타로 빌리프 허브숍에 입장하면 점원 '빌리'가 손님을 환영하며 인사하고 있습니다. 허브숍 내부를 둘러보다가 2층 다락방 비밀의 문을 통과하면 비밀공간인 '아더 월드'에 들어갈 수 있습니다. 아더월드에는 요정들의 테마파크인 '비비디 파크'와 아더월드의 영웅이 사는 '슈퍼 캐니언'이 있습니다.

빌리프는, 2022년 할로윈에 빌리프 유니버스와 할로윈을 접목한 콘셉의 팝업 전시를 오프라인과 온라인에 열었습니다. 우선 오프라인으로는 파주 프리미엄 아웃렛 내부에 빌리프 세계관 속 캐릭터와 장소를 구현했습니다. 빌리프 캐릭터를 볼 수 있는 대형 포토존을 열어 소비자가 추억을 남길 수 있게 했고, 4가지 테마의 참여형 이벤트를 열어 누구나 빌리프 유니버스 세계관을 체험할 수 있게 했습니다. 동시에 온라인으로는 제페토 내 빌리프 유니버스 월드에 할로윈 팝업전시를 열었습니다. 가상의 허브숍 직원 캐릭터

[그림 42] 빌리프 유니버스 할로윈(출처: LG생활건강)

메타버스 마케팅 광고 미디어 가능성

빌리는 할로윈 복장을 착용한 채 돌아다니고, 할로윈 컨셉으로 맵이 꾸며져 있는 등 할로윈 분위기를 조성했죠.

또한 빌리프는 유니버스 컬렉션 NFT를 오픈씨에 출시했습니다. NFT에는 빌리프 유니버스 세계관 속 캐릭터인 허브샵 직원 빌리와 대장장이 요정 로이가 디스월드와 아더월드에서 일상을 보내는 모습이 담겨져 있습니다. 빌리프는 NFT 소유자에게 특정 화장품을 무료로 제공하는 등 다양한 멤버십 혜택을 제공하며, 온-오프라인이 연계되는 고객 참여를 유도했습니다.

아모레퍼시픽 헤라

아모레퍼시픽의 브랜드 헤라는 제페토와 협업하여 헤라의 한정판 '위시로켓 컬렉션'의 팝업스토어를 가상으로 구현했습니다. 팝업스토어는 제페토의 인기맵인 한강공원에서 볼 수 있습니다. 팝업스토어의 디자인은 헤라의 신제품 컨셉과 맞게 로켓을 모티브로 제작되었습니다. 그리고 내부는 일러스트아티스트 방상호 작가가 디자인한 오브제로 꾸며져 있습니다. 가상의 팝업스토어에는 포토존, 메이크업존, 무중력 서재 등의 이용자와 상호작용이 가능한 장소가 구현되어 있고, 이곳에서 사람들은 헤라의 제품을 가상으로 체험해 볼 수 있습니다. 그중 메이크업존은 로켓 컨셉의 조종실 형태로 구현되었고 헤라의 제품인 '센슈얼 프레시 누드 틴트', '위시로켓 블랙쿠션'이 배치되어 있습니다. 이용자는 아바타를 통해 제품을 잡아볼 수도 있고, 제품을 누를 시 제품의 색상이 바뀌는 재미 있는 경험도 할 수 있습니다. 무중력 서재 공간은 가상공간 내 숨겨진 장소이며, 무중력 공간으로 가면 아바타가 마치 무중력 공간에 있는 것처럼 속도가 느려지고 공중에 떠 있는 경험을 할 수 있습니다. 그리고 헤라의 제품이 아바타와 함께 공중에 떠 있는 모습도 볼 수 있죠. 마지막으로 포토존은, 다양한 풍선으로 디자인되어 있습니다. 이곳에서 사람들은 아바타로 다양한 포즈를 취하고 사진을 촬영해 인스타그램에 올리기도 합니다. 당시 헤라는, 소비자가 인스타그램에 팝업스토어와 관련된 특정 해시태그를 포함하여 SNS 게시물을 작성할 시 추첨으로 컬렉션 제품, 제페토 코인 등을 증정하는 이벤트도 열기도 했습니다.

1.4__ 식품

또래오래

또래오래에서 가상의 치킨 아르바이트생을 모집합니다. 또래오래의 메타버스 마케팅 이야기입니다. 또래오래는 제페토에 가상매장 '또래오래 치킨월드'를 오픈했습니다[그림 43]. 제페토 이용자는 누구나 자신의 아바타로 또래오래 치킨월드에 입장할 수 있습니다. 치킨월드에는 또래오래 홀, 주방 등을 둘러볼 수 있는 가상매장이 있습니다. 그리고 숨겨진 '또래왕국'에 입장하면 점프게임, 미로찾기 등 게임을 즐길 수 있습니다. 또래왕국은 또래오래의 공식 SNS 콘텐츠인 '또래왕국'의 세계관을 토대로 꾸며진 가상공간입니다. 또래오래는, 소비자가 또래왕국에서 게임을 완수한 후 인증사진을 제페토 피드에 올리고 또래오래 카카오 채널에 피드의 링크를 공유하면 선물을 주는 이벤트를 열기도 했습니다. 그리고 또래오래 치킨월드에서 가상의 아르바이트생을 모집하는 이벤트도 진행했습니다. 응모는 또래오래 치킨월드에서 지원 영상을 촬영하고 이를 제페토 피드에 올리는 방식으로 진행되었습니다. 우수 콘텐츠로 뽑힌 10명은 또래오래 치킨 쿠폰 2장과 또래오래 치킨월드의 가상알바 활동 기회를 제공받고, 가상알바로 선정된 사람은 한 달 동안 제페토에서 또래오래 홍보활동을 맡아 임무를 수행합니다.

[그림 43] 또래오래 치킨월드(출처: 농협)

타코벨

이 타코는 먹을 수 없습니다. 왜냐고요? 디지털 아트이기 때문입니다. 미국 내 멕시코 음식 체인점 타코벨(Taco Bell)은 2021년, 다섯 명의 작가와 협업해 타코를 테마로하는 NFT 아트를 판매하고 판매 소식을 트위터 계정을 통해 알렸습니다. 타코벨 NFT는 5가지 종류로 구성됩니다. 그리고 총합 25개의 NFT가 발행되었고 이는 모두 판매 개시 30분 만에 전량 매진되었는데요. 판매된 작품으로는 김미댓(Gimme That), 에버크런치 타코(Ever-Cruching Taco), 스위블 타코(Swivel Tacos), 타코 디멘션즈(Taco Dimensions)가 있습니다. 거래 시작가는 0.001ETH(약 1.8달러)였으나, 거래의 마지막에는 0.4WETH(약 700달러)까지 치솟을 정도로 높은 인기를 끌었습니다. NFT에 대한 타코벨의 트윗은 총 1,600번의 리트윗과 600개가 넘는 댓글이 달렸습니다. 타코벨은 타코벨 NFT가 재판매될 시 향후 재판매되는 금액의 일부를 추가 수익으로 받습니다. 타코벨 측은 해당 수입금이 모두 타코벨 재단의 라이브 마스(Live Mas) 장학금으로 쓰일 예정이라고 밝히며, 브랜드 이미지까지 챙겼습니다.

어메이징 브루어리

기자 간담회를 통한 PR(Public Relations)은 신제품 출시 기업에 있어 아주 효과적입니다. 하지만, 간담회에 기자를 초청하기에는 시간적, 공간적 제약이 존재합니다. 메타버스를 통해 시공간적 한계를 극복하고, PR을 한 사례를 소개해 드리겠습니다.

2021년, 어메이징 브루어리는 오뚜기와 협업으로 진라거를 출시했고, 출시 기념 기자 간담회를 게더타운에서 진행했습니다. 어메이징 브루어리가 게더타운에 가상으로 구현한 공간에는 실제 이천에 있는 어메이징 브루어리의 외관, 양조장 생산라인 등이 있었습니다[그림 44]. 기자들은 가상공간에 아바타로 입장해 다양한 경험을 할 수 있었습니다. 기자들은 가상공간 내 설비 근처로 아바타를 이동한 후 알파벳 X를 누르면 실제 설비의 사진, 가동 영상 등을 볼 수 있었고, 맵의 곳곳을 탐험할 수도 있었습니다. 그리고 현실성이 높게 반영되어, 아바타를 통해 이동하는 가상공간임에도 앞에 있는 아바타에 길이 막히면 길을 갈 수 없게 구현되어 있었습니다.

행사는 총 2부로 구성되었고, 1부는 진라거 제품 소개, 그리고 2부는 메타버스 이천 브루어리 투어가 있었습니다. 기자 간담회는 가상공간 내 2층에서 이루어졌습니다. 가상공간의 가운데에는 어메이징 브루어리 대표의 캐릭터가 위치해있습니다. 그리고 관계자들은 웹 카메라를 켜고, 화면을 공유하며 간담회가 진행되었습니다. 어메이징 브루어리의 대표는 "어메이징이 오뚜기와 함께 맛의 진정성에 초점을 둔 진라거를 더욱 자세히 알리기 위해 메타버스를 활용한 기자간담회를 기획했다"며 "이번에 제작한 어메이징의 메타버스 이천 브루어리를 활용해 코로나19 환경에서 비대면 소통

에 더욱 익숙해진 소비자 및 기업고객과 접점을 늘려갈 계획"이라
고 말했습니다.

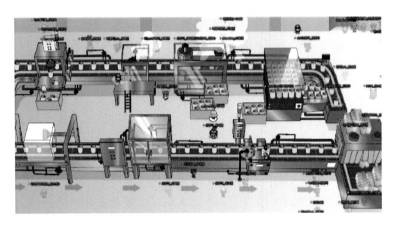

[그림 44] 메타버스 이천 브루어리(출처: 어메이징브루잉컴퍼니)

맥도날드

해피밀 세트는 햄버거, 음료세트에 피규어 등 장난감을 묶음으
로 판매하는 맥도날드의 인기 상품입니다. 2016년에 스웨덴 맥도
날드는 30주년을 맞아 해피밀 세트의 증정품으로 해피 고글(Happy
Googles)을 출시했습니다[그림45]. 해피 고글은 해피밀 세트의 포장
지를 VR기기로 변신되도록 리뉴얼한 것입니다. 해피밀의 주 타겟
인 아이들은, 해피밀 세트를 먹은 후 박스를 재조립해 고글형태로
만들고, VR콘텐츠가 라이브되는 스마트폰을 박스 안에 집어넣어
VR체험을 할 수 있었습니다. 해피 고글 출시 시기는 2016년 3월 5

일부터 12일까지로 스웨덴에서 스키를 자주 타러 가는 시기였습니다. 이를 노린 맥도날드는 동시에 VR 스키 게임 '슬로프 스타즈'를 출시해 해피밀 VR기기로 스키게임을 즐길 수 있도록 지원했습니다. 슬로프 스타즈는 스웨덴 국가대표 스키팀이 개발에 참여한 360도 CG 기반 스키 게임입니다. 아이들은 직접 만든 해피 고글로 슬로프 스타즈게임을 하면서 실제로 스키를 타는 듯한 경험을 할 수 있었습니다. 당시 해피 고글은 약 3,500개의 한정판으로 판매되었고, 개당 가격은 4.1달러(한화 약 5,000원) 정도였습니다.

사실 종이상자 기반의 VR기기는 맥도날드가 최초는 아닙니다. 코카콜라는 2015년에 구글의 카드보드 기반 VR패키지를 출시하기도 했습니다. VR패키지는, 12개 캔이 든 음료수 상자를 접고 그 안에 스마트폰을 넣어 VR경험을 할 수 있는 간단한 장치였습니다.

[그림 45] 해피 고글(출처: 맥도날드)

물론 이렇게 만들어지는 VR기기에는 단점도 존재합니다. 부서지기 아주 쉽고, 가끔은 패키지 안 내용물의 냄새가 배기도 하죠. 맥도날드의 해피 고글도 역시 햄버거, 감자튀김의 기름 냄새가 난다는 지적도 있었습니다. 그러나, 저렴한 가격에 아이와 부모에게 맥도날드와의 추억을 선물해 준 것은 소비자의 기억에 오랫동안 남을 훌륭한 마케팅으로 평가받습니다.

이디야

이디야는 해외 이용자 비율이 90%를 차지하는 제페토에 가상의 카페를 구현했습니다[그림 46]. 이를 통해 대한민국 대표 토종 커피 브랜드라는 이미지를 각인시키고자 했습니다. 그리고 21년 12월 7일에 제페토에 가상의 이디야 카페인 '포시즌 카페'를 오픈했습니다. 오픈 이틀 만에 방문자 수 100만 명, 일주일 만에 300만 명을 돌파하며 동기간 제페토 월드맵 중 방문자 수 1위를 기록했습니다. 포시즌 카페는, 오픈 시기가 겨울이었던 만큼 겨울 테마에 어울리는 '한옥 컨셉'으로 구성되었습니다. 그리고 젊은 세대와 외국인은 한옥 컨셉에 긍정적인 반응을 보였습니다. 아바타로 가상공간에 입장한 사람들은 가상의 캐릭터인 '토피'를 만날 수 있고, 이디야의 다양한 제품을 가상으로 경험해 볼 수 있습니다. 그리고 맵의 2층에 위치한 가상의 테라스에는 호떡 코너가 있어서 호떡을 먹으며 겨울 풍경을 감상할 수 있습니다. 이 밖에도 맵 내 스노우

볼에서 사진을 촬영하고, 겨울나무에 숨은 흰담비를 만나는 등 계절에 맞는 다양한 체험이 가능합니다. 이디야는 방문객 대상 인증 사진 이벤트도 실시했습니다. 이디야는 이용자가 #이디야 제페토 등 특정 해시태그와 함께 이디야 포시즌 카페에 방문한 인증사진을 SNS에 올리면, 추첨을 통해 애플워치7, 모바일 상품권 1만 원 등을 제공하였습니다. 이 외에도 특정 시간에 방문 시 커피 상품권을 제공하는 타임어택 경품 이벤트도 실시했습니다.

[그림 46] 제페토 이디야 포시즌 카페(출처: 이디야커피)

1.5__ 차량

현대차

집에서 5분 만에 자동차를 시승하는 모습을 상상해 보셨나요? 현대차는 제페토에서 이를 실현시켰습니다. 잠재적인 미래 유망 고객인 MZ세대를 대상으로 말이죠. 현대차는 제페토 내 인기 공간인 드라이빙존, 다운타운을 배경으로 아바타 대상 쏘나타 N라인 시승 이벤트를 열었습니다. 현대차는 이를 통해 MZ세대와 소통할 수 있었고, 메타버스에 광고함으로 혁신을 따라간다는 인식도 줄 수 있었습니다. 기존에 올드하다는 인식을 갖고 잇던 쏘나타는 메타버스를 통해 이미지를 개선하는 효과도 있었을 것입니다. 또한 현대차는 제페토 내 아바타를 촬영하는 공간인 비디오 및 포토 부스에서도 소나타를 활용할 수 있게 하였습니다. 그리고 더욱 활발한 구전효과를 얻기 위해, 쏘나타 시승 콘텐츠를 포스팅한 고객을 대상으로 경품을 증정하는 이벤트도 열었습니다.

볼보

볼보는 2016년 VR을 활용해 볼보 SUV XC90 모델을 홍보했습니다. 홍보를 위해 구글과 협업으로 가상현실 앱을 출시했습니다. 출시된 가상현실 앱은 골판지로 만든 초저가 VR기기인 구글의 조립식 카드보드를 통해 작동시킬 수 있습니다. 만약 구글의 카드보드가 없더라도 카드보드 공식 웹사이트에 카드보드의 전개도, 부품 등이 상세히 안내되어 있어서 누구나 쉽게 제작할 수 있습니다. 카드보드가 준비된 사람들은 스마트폰에 가상현실 앱을 작동시킨 뒤, 스마트폰을 카드보드에 넣고 VR세계에 입장할 수 있습니다. 그리고 VR세계에 입장하면, 마치 직접 볼보에 타고 있는 것처럼 앉은키의 시선으로 브레이크와 액셀러레이터 등 차 내부와 주행 풍경을 볼 수 있습니다[그림 47]. 그리고 사람들은 실제로 볼보 자동차를 시승하듯 속도감을 느끼며 주행할 수 있습니다. 볼보는 VR을 통해 누구나 매장에 오지 않아도 볼보차를 시승할 수 있게끔 하였고 이는 시승과 체험이 중요한 자동차 시장에서 효과적인 마케팅으로 평가받고 있습니다.

[그림 47] 볼보 SUV XC90 VR 시승(출처: 볼보)

1.6_ 금융

NH농협은행

농협은행은 2022년 광복절에 메타버스 플랫폼 '독도버스'를 오픈하고 그 안에 가상의 농협은행을 구현했습니다[그림 48]. 독도버스는 가상공간에 독도를 재현한 공간을 의미합니다. 사람들은 독도버스에 아바타로 접속하고, 생활할 수 있습니다. 그리고 '낚시 미니게임', 독도 강치에게 소원을 비는 '기도의 신', 독도 명소를 방문하는 '둘레길 방문', 쓰레기를 줍는 '플로깅', '금융상식 퀴즈' 등 여러 콘텐츠를 즐길 수 있습니다. 또한 사람들은 아바타로 독도버스에 위치한 가상의 농협은행에 방문해 NH올원뱅크 이벤트에 참가하거나, 부동산 관련 최신 정보가 있는 영상 콘텐츠를 시청할 수 있죠. 가상의 VIP룸에서는 아이템 등 경품이 있는 '럭키박스'도 획득할 수 있습니다. 광복절 오전에는 독도버스 광장에서 태극기를 흔들고 만세한 후 독도를 행진하는 행사를 진행했고, 참여자에게 기념 NFT를 증정했습니다. 이 외에도 NH농협은행은 농협 창립 60주년에 맞춰 모바일 플랫폼 올원뱅크에 브랜치 독도 메타버스를 오픈했습니다. 브랜치 독도 메타버스에는 '독도이야기', '독도특화상품', '독도에서 뱅킹', '기념품 샵', 독도 전생 체험'등 흥미요소와 금융 관련된 서비스가 있었습니다.

[그림 48] 독도버스(출처: NH농협은행)

1.7__ 엔터테인먼트

MBC

"무야호~ 그만큼 신나시는 거지~"

NFT를 통해 새롭게 시청자에게 다가가는 MBC의 기분은 '무야 호'이지 않을까요?

무야호는, 2010년 3월 6일 무한도전에서 최규재 님이 외친 구호 입니다. 시간이 지남에 따라 그 구호에 매력을 느낀 시청자들은 똑같이 구호를 외치기 시작했고, 이는 곧 밈이 되었습니다. 그리고 무야호 클립 영상은 NFT화 되어 MBC 자사 플랫폼 '아카이브 by MBC'의 경매에 등록됐습니다[그림 49]. 열광적인 밈이었던 만큼, NFT를 갖고 싶어 하는 사람의 수도 많았습니다. 경매는 300만 원으로 시작했고, 12번 입찰을 거쳐 시작가의 약 3배 가격인 950만 1,000원의 가격에 판매되었습니다. 이는 MBC개국 NFT, 뉴스데스크 첫 컬러방송 NFT 등 MBC가 이전에 발행한 NFT들 보다 비싼 가격입니다. 이 외에 MBC가 발행한 NFT로는, 무한도전의 도산 안창호 선생로고 NFT(약 2백만 원), 구 조선총독부 해체 NFT(약 1백만 원)가 있습니다. 관련하여 MBC 관계자는 "많은 시청자가 MBC와 함께한 순간을 NFT로 기억하고 소유할 수 있도록, 빛 나는 순간들이 선물이 될 수 있도록 노력하겠다"고 밝혔습니다.

[그림49] 무야호 NFT(출처: 아카이브 by MBC)

모먼티카

2022년 10월, 하이브와 두나무의 합작회사인 '레벨스'는 디지털 컬렉터블 플랫폼 모먼티카를 오픈했습니다. 모먼티카는 자신이 좋아하는 아티스트의 사진, 영상, 심지어는 노래 등 디지털 콘텐츠를 소장할 수 있는 플랫폼입니다. 모먼티카 내에서 이용자는 서로 NFT를 사고팔 수 있습니다. 모먼티카의 디지털 카드는 NFT로써, 블록체인에 기록되어 원본과 고유성의 증명이 가능합니다. 따라서 디지털 카드의 소유주는 이를 영구적으로 보관할 수 있다는 장점이 있습니다. 모먼티카에서 사람들은 아티스트의 모습을 디지털 카드인 '테이크(TAKE)'로 기록합니다. 이때 테이크는 정적인 사진 형태의 프레임(Frame) 테이크, 영상 형태의 씬(Scene) 테이크의 두 종류로 나뉘며 테이크는 1부터 n개의 번호를 부여한 한정수량 에디션(Edition)으로 발행됩니다. 테이크는 팩 단위로 판매되고 정적의 이미지나 영상이 담긴 오리지널 팩과 음성, 손글씨, 사인 등이 추가된 스페셜 팩으로 구성됩니다. 레벨스는 저탄소 배출 블록체인인 '루니버스(Luniverse)' 블록체인을 기반으로하는 레벨스 블록체인을 사용합니다. 이를 통해 디지털 기술과 친환경의 공존으로 탄소 중립을 지향하는 브랜드 철학을 구현하였습니다. 레벨스는, 모먼티카의 공식 출시에 앞서 국내 유명 가수인 세븐틴, 나인, 투모로우바이투게더, ENHYPEN, 르세라핌의 디지털 카드를 선착순으로 무료 제공하는 이벤트도 진행하였습니다. 그리고 해당 이벤트는 한국, 미국, 일본, 인도네시아, 말레이시아, 싱가포르, 태국 등 전 세계 123개 국가의 70만 명 팬이 참가할 정도로 큰 성공을 거두었습니다.

스카이 오스트리아

2014년 오스트리아의 방송국 '스카이 오스트리아'는 인기 TV드라마인 〈워킹 데드 5〉를 홍보하고자 했습니다. 당시 스카이 오스트리아는 〈워킹 데드 5〉의 대중화를 위해 TV나 유튜브 등 일반적인 미디어에만 광고를 송출시킬 수 있었습니다. 그러나 그들은 증강현실 메타버스를 광고에 사용했죠. 우선 스카이 오스트리아는 좀비 영상과 버스 정류장 유리를 통해 보이는 광경을 합성해 하나의 영상을 만들었습니다. 이후 버스 정류장의 유리벽에 영상이 재생되도록 했습니다[그림 50]. 유리벽의 영상은, 현실 세계 위에 좀비가 뛰어다니는 것과 같이 보였습니다. 이는 곧 증강현실을 의미했죠. 증강현실 속 좀비는 뛰어오고 하고, 서로 잡아먹는 모습을 보여주기도 했습니다. 이를 보고 사람들은 놀람과 동시에 〈워킹 데드〉에 대해 잊을 수 없는 기억을 갖게되었습니다. 이후 스카이 오스트리아는 캠페인 준비 과정과 사람들이 놀라는 모습을 영상으로 담아 유튜브에 올렸습니다. 유튜브 영상은 〈워킹 데드〉가 반영하기 이틀 전에 게시돼 많은 사람의 머릿속에 〈워킹 데드〉를 각인시킬 수 있었습니다. 결과적으로 〈워킹 데드〉 드라마는 성공했고, 스카이 오스트리아의 증강현실 광고는 누적 조회수 250만 회 이상을 기록하며 성공적인 마케팅으로 남았습니다.

[그림 50] 스카이 오스트리아의 AR광고(출처: 스카이 오스트리아 유튜브 캡처)

1.8__ 여행

메리어트

메리어트는 2014년 유튜브에 '런던과 하와이로 가는 가상 신혼여행' 동영상을 게시했습니다. 동영상 속 메리어트는 뉴욕 시청 앞에 VR 부스를 설치해 가상현실을 통한 여행 체험 마케팅을 진행했습니다[그림 51]. 체험 마케팅은 다음과 같습니다. 우선 결혼식을 마친 신랑 신부가 부스 안으로 들어와 VR기기를 착용하면, 가상으로 하와이, 런던 등 미국의 주요 도시를 여행할 수 있었습니다. 또한 바람이 불고 열기가 나오는 등 4D 요소도 적절히 조합되었죠. 체험자(신랑, 신부)들은 VR 부스의 난간을 잡고 소리를 치는 등 실감 나는 체험을 할 수 있었습니다. 이후 메리어트는 신랑 신부의 VR부스 체험 영상을 유튜브에 업로드 했고, 약 30만 회 이상의 조회수를 달성했습니다. 그 결과 메리어트는 신혼여행으로는 메리어트가 좋다라는 인식을 줄 수 있었습니다. 메리어트의 메타버스 활용은 이뿐만이 아닙니다. 메리어트는 숙박객에게 가상의 여행을 제공하는 브이룸서비스(Vroom Service)를 뉴욕 메리어트 마르퀴스와 런던 메리어트 파크레인에 도입했습니다. 가상 여행지로는 칠레 안데스산맥, 아프리카 르완다, 중국 베이징 등이 있었습니다. 메리

[그림 51] VR체험을 하는 소비자(출처: 메리어트 유튜브 캡처)

메타버스 마케팅 광고 미디어 가능성

어트는 가상현실 콘텐츠의 제작을 위해 일반 영화 촬영용 카메라 1대, 3D 재현을 위한 가로 형태 카메라 2대 등 다수의 카메라와 촬영기법을 활용했다고 합니다. 향후 다양한 호텔이 브이룸 서비스를 도입한다면, 아마 여행지를 보고 호텔을 정하는 것이 아닌, VR 서비스의 퀄리티를 보고 호텔을 정하는 날이 오지 않을까요?

인천공항

2016년 인천공항은 "뜻밖에 대한민국을 만나다(Experience the Wonders of Korea)"라는 가상현실 캠페인을 진행하고 페이스북에 그 영상을 올렸습니다. 영상은 "낯선 곳으로 떠나기 전 당신에게 찾아오는 잠시의 지루함, 그 지루함을 설렘으로 바꾸고자 인천 공항이 준비한 뜻밖의 즐거움, 뜻밖의 대한민국을 만나다"라는 문구로 시작됩니다. 영상 속 인천공항에서 사람들은 VR기기를 착용한 채 K-푸드, K-패션[그림 52], 태권도, 한국의 역사 등을 가상으로 체험합니다. 그리고 가상 체험이 끝나며 VR기기를 내려놓자, 그들의 눈앞에 뜻밖의 광경이 펼쳐집니다. VR기기를 통해 보았던 K-FOOD 요리사가 실제 눈앞에서 요리를 들고 서 있고, 기기 속 태권도 선수는 눈앞에서 시범을 보이고 있었습니다. 그리고 가상현실 속 패셔니스타는 실제로 선글라스를 낀 채 인사하고 있었죠. 어리둥절함도 잠시, 인천공항은 여행객에게 이번엔 가상이 아닌 현실에서의 태권도 발차기 연습, 한국 전통 의상을 입어보는 등의 체험을 제공했습니다. 뜻밖의 체험으로, 여행객의 얼굴에는 비행기를 기다리는 지루함이 아닌, 기쁨과 설렘이 담겨 있었습니다. 그리고 "보고, 느끼고, 맛보고, 함께 어울리며 인천 공항에서 대한민국을 만납니다. 뜻밖에 대한민국을 만나다"라는 문구와 함께 2분 27초의 영상이 끝납니다. 이처럼 인천공항은 가상현실을 활용한 이벤트를 통해 많은 여행객의 지루한 순간을 재미있고 추억이 되는 경험으로 바꾸어 주었습니다. 그 결과 페이스북에 영상을 공개한 지 단 이틀 만에 조회수 241만, 공유 5,536회, 댓글 997개가 기록되며 큰 성공을 거둘 수 있었습니다.

[그림 52] 인천 공항에서 VR로 한국의 패션을 경험하는 관광객(출처: 인천공항 유튜브 캡처)

1.9__ 정치

방송사

한국의 2022년 대선은 메타버스 대선이라고 불릴 만큼 메타버스를 활용한 사례가 많았습니다. 우선 개표방송에서는 SBS가 디지털 트윈을 적용했습니다. 실시간 개표 데이터를 한눈에 볼 수 있게 시각화한 디지털 시스템을 제공했으며, 실제 투표소, 개표소를 가상에 옮겨 투표와 개표 상황을 실시간으로 간략히 볼 수 있도록 하였습니다. 그리고 선거방송에서는 3D모델링과 영상 자료를 통해 실제 후보를 디지털로 구현해 역동적인 모습을 보여주었습니다. 메타버스 플랫폼 제페토도 활용했습니다. 제페토에 선거방송 마스코트 '투표로'의 이름을 본떠 '투표로 스튜디오'라는 가상의 맵을 만들어 메인스튜디오, 토론스튜디오 등을 가상으로 구현했습니다. 사람들은 아바타로 맵에 접속해 SBS의 당선자 예측 시스템의 진행자가 되어 방송을 체험해 볼 수도 있었고, 선거 스튜디오를 구경하고 토론 장소에도 올라가 보는 등 다양한 경험을 할 수 있었습니다.

KBS는 실시간 선거상황을 보여주기 위해 증강현실을 적용했습니다. KBS 건물의 옥상 헬기장을 실시간 선거 상황을 보여주는 AR존으로 만들었습니다. 그리고 이프랜드 메타버스에 아바타들과 개표방송을 볼 수 있는 가상공간을 마련했습니다. 가상공간에는

KBS의 건물과 내부 공간이 실제와 똑같이 구현되어 있었습니다. 가상의 KBS 본관에는 2022 대선 선거 방송 현수막이 게시되어 있었고, 각종 대선 관련 방송 세트장도 구현되어 있었습니다. 그리고 KBS는 메타버스 방문객의 흥미를 위해 방문객이 직접 참여할 수 있는 '대선 미로 퀴즈', 'KBS 고양이 정원 포토존' 등을 제공하기도 했습니다.

마지막으로 방송사 MBN은 본 선거 직전에 '청년 공약' 메타버스 대담을 열었습니다. 고대 그리스 광장인 '아고라'를 메타버스에 재현했으며 이곳에 대통령 후보가 아바타로 등장해 청중의 질문에 직접 답하는 모습을 보여주었습니다.

1.10__ 스포츠

K-리그

한국프로축구연맹은 2020년과 2021년 K리그 선수 NFT 카드를 출시했습니다. 2020년 K리그 NFT 카드의 거래 규모는 28만 달러(한화 약 3억 2천만 원)이었고, 가장 비싸게 거래된 선수는 K리그 득점왕이었던 주니오 선수의 카드로, 약 340만 원에 거래되었습니다. 또한 한국 프로 축구 연맹은 메타버스 플랫폼 더 샌드박스와 협업으로 가상공간에 K리그 아일랜드를 구축했고 더 샌드박스 공식 홈페이지에 공개했습니다. 가상의 K리그 아일랜드에는 실제 K리그 경기장에서 볼 수 있는 축구 경기장, K리그 선수들의 유니폼, 트로피, 선수단 입장 및 관중들의 응원 등이 구현되어 있었습니다. 이와 동시에 K리그 구단 마스코트로 구성된 NFT 컬렉션 12종을 판매하고 구매자 중 추첨을 통해 한국축구 연맹 주관의 행사 초대권을 제공했습니다. 그리고 K리그 NFT 컬렉션 12종을 모두 구매한 헤비 유저에게는 연맹 주관 행사 초대권에 더해 K리그 팀 유니폼을 제공했습니다.

국내 야구

2021년 두산디지털이노베이션(DDI)은 NFT 거래소 두버스(Dooverse)를 오픈했습니다. 두버스는 사람들끼리 NFT를 자유롭게 거래할 수 있는 거래소입니다. DDI는 두버스에 두산베어스 마스코트, 두산베어스 V1~V3 우승 순간 사진과 영상, 두산베어스 레전드 선수사진 NFT를 공개했습니다. 그리고 2022년에는 허경민 선수의 시즌 하이라이트 장면이 담긴 NFT를 총 210팩 한정 발행했습니다. DDI는 이 외에도 두산베어스 현역이나 레전드 선수의 NFT를 꾸준히 발행하고, 주요 기록과 선수의 콜라보 NFT 카드도 출시할 예정입니다. DDI는 향후 두버스에서 두산의 NFT뿐 아니라 창작자가 직접 NFT를 발행하고 거래할 수 있게 업데이트하고,

편의성을 높여갈 예정이라고 밝혔습니다.

그리고 2022년 프로야구 SSG 랜더스도 정규시즌 1위와 한국시리즈 통합 우승을 기념해 NFT가 포함된 야구 굿즈 패키지 '챔피언 플레이트(Champion Plate)' 4종을 판매했습니다. 판매되는 NFT의 수는 정규리그, 한국 시리즈 통합 승률(92승 54패 승률 63%)을 기념하고자 총 630개로 제한되었습니다. 630개의 구성은 블랙 에디션(20개), 플래티넘 에디션(50개), 골드 에디션(460개), 레드 에디션(100개)이며, 가장 높은 등급인 블랙 에디션 구매자에게는 한국 시리즈 우승 레플리카 반지, 친필 사인 통합 우승 기념 유니폼과 기념구, SSG랜더스 멤버십 5만 원 할인권, 23시즌 개막전 티켓, 홈경기 사인회 초청 등이 함께 제공되었습니다. SSG는 결과적으로 판매 10분 만에 630개가 전부 매진되는 기록을 세울 수 있었습니다.

[그림 53] SSG의 NFT 패키지(출처: SSG닷컴)

　　　　　　　　　　메타버스 마케팅 광고 미디어 가능성

프리미어리그

프리미어 구단들은 메타버스에 높은 관심을 두고 있습니다. 2022년 12월 프리미어리그의 인기구단인 맨체스터 유나이티드는 테조스(Tezos) 블록체인 기반 NFT인 '더 데블스'를 출시했습니다. 더 데블스는 카드의 희소성에 따라 클래식 키, 레어 키, 울트라 레어 키로 분류되었고 클럽팬을 대상으로 개당 36달러에 판매되었습니다. 맨체스터 유나이티드는 NFT 구매자를 대상으로 스타플레이어와의 대화, 맨체스터 유나이티드 경기장 초대권 등 추가적인 혜택도 제공했습니다.

프리미어리그의 리버풀FC는 2022년 3월 소더비와 협업으로 구단 선수단 24명의 이미지를 토대로 하는 한정판 아트워크 NFT 컬렉션을 출시했습니다. 당시 리버풀 NFT의 경매는 높은 금액부터 점차 내려가는 더치 옥션 방식으로 진행됐으며, 시작가는 75달러로 책정되었습니다.

맨체스터 시티는 프리미어 리그 첫 우승을 기념하여 스포츠 업체 푸마와 협업으로 디지털 축구화 NFT를 출시했습니다. 축구화 NFT의 이름은 93:20으로, 이는 맨시티의 선수가 맨체스터 유나이티드와의 경기에서 결승 골을 터뜨린 시간입니다. NFT 축구화 디자인도 10년 전 결승 골 주인공인 아구에로가 신었던 축구화와 동일한 디자인으로 구현되었습니다. 축구화 NFT는 120개 한정판으로 제작돼, 메이커스 플레이스에서 발매되었습니다.

또한 맨체스터 시티는 2022년에 메타버스 진출을 위해 소니(Sony)와 3년 계약을 맺었습니다. 그리고 구단의 구장인 에티하드 스타디움을 본뜬 공간을 메타버스에 구현하겠다고 밝혔습니다. 맨체스터 시티는 메타버스를 통해 관객이 경기장에 오지 않더라도 경기를 실시간으로 볼 수 있게 지원할 계획입니다. 프로젝트는 아직 초기 단계이지만, 이미 다수의 전문가가 디지털 매핑(digital mapping)과 가상버전 구축을 위해 맨체스터 시티의 구장에 방문하는 등 많은 움직임을 보이고 있습니다.

이처럼 축구 구단들은 메타버스에 적극적인 진출을 하고 있습니다. 그 이유는, 축구의 주요 수익원은 팬과의 교류이기 때문입니다. 팬들은 소유권 증명이 가능한 스타, 혹은 구단의 NFT를 소유하는 것만으로도 소속감을 느낄 수 있습니다. 그리고 소속감은 더욱 높은 참여를 유발하고, 브랜드 파워와 수익의 증대로 이어지는 것입니다. 또한 기존에 현장방문, 혹은 TV를 통한 축구 관람이라는 틀에서 벗어나 메타버스에서 주변 아바타와 소통하며 축구를 관람하는 환경을 제공함으로써, 팬들의 참여도를 높일 수 있습니다.

1.11__ 인테리어

삼성전자

삼성전자는 라이프스타일 플랫폼인 '오늘의 집'에서 비스포크홈메타 서비스를 시작했습니다. 비스포크홈메타 서비스는 메타버스 기반의 3D 리테일 체험 서비스입니다. 이곳에서 사람들은 자신의 집을 가상으로 구현하고, 가상의 집에 원하는 삼성 제품을 배치해 볼 수 있습니다. 또한, 소비자는 베스트셀링 색상, 전문가의 추천 색상, 인테리어에 적합한 색상을 AI를 통해 추천해 주는 'AI 맞춤 컬러'를 경험할 수 있습니다. 추가로, 360가지 맞춤 색상을 제공하는 '프리즘 360' 등 추천 기능도 활용할 수 있습니다. 그리고 가전을 집안의 어느 곳에 설치할 것이냐에 따라서 설치 형태와, 크기, 해상도 등도 가상으로 시뮬레이션해 볼 수 있습니다. 만약 가상으로 경험한 제품 중 마음에 드는 제품이 있다면 즉시 태그(+) 버튼을 눌러 주문할 수 있습니다. 삼성전자는 삼성 디지털 프라자 오프라인 매장을 방문하는 고객들이 '비스포크홈메타'를 활용할 수 있도록 서비스를 도입해 온-오프라인으로 경험을 확대했습니다. 사람들은 오프라인 매장에 와서 매장에 진열되어 있지 않은 상품도 가상으로 경험해 볼 수 있고, 가전제품을 미리 배치해 보고 이를 VR기기로 볼 수 있습니다.

비스포크홈메타 서비스 외에도 삼성전자는 메타버스를 적극 활

용하고 있습니다. 그리고 삼성전자는 제페토와 함께 '마이 하우스'
서비스를 출시했습니다. 마이 하우스는 삼성전자의 제품과 조명과
가구, 패브릭 등의 인테리어 아이템으로 가상의 '나만의 집 꾸미기'
를 구현해 주는 서비스입니다. 사람들이 아바타를 통해 삼성 마이
하우스에 들어가면, 주방, 거실, 화장실, 서재, 회의실 같은 공간뿐
아니라 아바타가 산책할 수 있는 공간을 만나볼 수 있습니다. 그리
고 이곳에서 다양한 삼성의 제품을 활용해 '나만의 집' 꾸미기를
할 수 있습니다. 마이 하우스는 출시한 지 한 달도 되지 않아 누적
방문자 수 400만을 돌파하며 큰 성공을 거두었습니다.

1.12__ 보험

도쿄해상

2022년, 일본의 도쿄해상은 도쿄를 배경으로 하는 버추얼 아키
바 월드 메타버스에 보험 영업소를 개설했습니다. 도쿄해상은 자
동차보험부터 골프보험까지 가능한 모든 상품을 메타버스에서 취
급할 계획을 갖고 있습니다. 도쿄해상의 메타버스 영업소는 고객
이 일방적으로 가입 조건을 선택하는 것이 아닌, 아바타 설계사와
대화하며 계약할 수 있다는 것이 특징입니다. 아바타로 버추얼 아

키바 월드 내 보험영업소에 입장하면 설계사 아바타가 기다리고 있습니다. 설계사 아바타는 방문자 아바타에게 보험을 설명하고, 방문자 아바타가 가입을 원할 시 서류 작성부터 계약서 인도까지의 모든 가입절차를 지원합니다. 도쿄해상은 메타버스 영업소를 기반으로 메타버스 플랫폼의 효율성을 파악할 계획이라고 합니다.

도쿄해상은 왜 메타버스에 보험 영업소를 게시했을까요? 메타버스 진출이 보험업종에 가져다주는 효과는 크게 두 가지입니다.

첫째는 MZ세대에 대한 접근 용이성입니다. 젊은 세대는 보험에 대한 관심이 이전세대 비해 낮습니다. YOLO(You only live ones)라는 신조어가 등장할 만큼, 미래의 불확실을 대비하는 보험은 힘을 잃어가는 것이죠. 이러한 상황에 젊은 세대에게 다가가려면 과거처럼 홈페이지, 혹은 오프라인에서 수동적인 영업을 하는 것보다는 그들에게 더 적극적으로 접근해 영업할 필요가 있습니다. 그리고 메타버스는 그들에게 다가갈 수단이 되고 있습니다.

둘째는 보험의 이미지 전환입니다. 보험업종은 딱딱하고 어렵다는 분위기가 팽배하며, 잘못 가입하면 사고가 나도 돈을 받지 못하고 손해만 본다는 둥 부정적인 인식이 많은 업종입니다. 오프라인 영업소에 가더라도 딱딱한 분위기로 인해 자유로운 질문이 어렵고 그 분위기는 보험 가입에 대한 보호심리를 발동시키곤 하죠. 그러나 메타버스에서는 익명성이 보장되기에 보다 자유롭고 편안한 상담이 가능합니다. 또한 이곳에서 마주하는 아바타 영업 사원은 나에게 보험을 팔겠다는 목적을 가진 영업 사원이라고 느껴지지 않습니다. 대신 귀여운 이미지, 아기자기한 배경 등으로 인해 영업사원으로 느껴지기보다는 친절한 도우미로 느껴집니다.

최근 메타버스가 보험업에 주는 다양한 장점으로 인해 도쿄해상뿐 아니라 여러 보험기업이 메타버스에 관심을 보이고 있습니다. 삼성화재는 메타버스에서 신입사원 교육 수료식을 했고, NH농협생명은 메타버스에서 사내 시상식을 하기도 했죠. 다만 아직까지 국내기업은 신입사원 교육, 비대면 회의 등 다소 제한적인 영역에서만 메타버스를 활용하는 수준에 머물러 있습니다. 향후 보다 적극적으로 메타버스를 통해 고객을 마주한다면 더 나은 효과를 기대할 수 있을 것입니다.

02

인재를 향해 광고하다

마케팅을 정말 잘하는 기업은 외부 소비자를 대상으로 하는 마케팅만큼이나 직원을 대상으로하는 내부 마케팅에 힘을 쏟습니다. 내부 마케팅이란, 직원을 고객으로 바라보는 것을 의미합니다. 내부 마케팅의 원리는 다음과 같습니다. 우선 내부 마케팅을 통해 직원이 만족하면, 직원이 생산해 내는 제품이나 서비스의 수준이 높아집니다. 그 결과, 소비자는 만족하고 경쟁에서의 승리할 수 있는 것입니다. 또한, 직원이 기업의 가치, 철학을 이해하고 기업에 애정을 품고 있을수록 높은 성과를 내는 것은 당연지사입니다. 미국 기업은 매년 약 1,000억 달러(약 108조 300억 원) 이상을 내부 마케팅에 투자하고 있다고 합니다. 내부 마케팅을 실천한 기업의 예로는 미국의 사우스웨스트 항공이 있습니다. 사우스웨스트 항공의 창업자인 켈러허는 '직원을 잘 대우해야 지원은 고객에게 좋은 서비스로 보답하며, 고객이 다시 사우스웨스트를 이용하고 우리는 행복해진다'라는 경영 철학을 갖고 있습니다. 경영철학과 같이 사우스웨스트 항공의 직원은 다른 항공사와 달리 반바지, 운동화 등

편한 옷차림을 입을 수 있고 즐거운 근무가 가능한 것으로 유명합니다. 그리고 사우스웨스트 항공의 대표는, 추수 감사절에 휴가를 간 직원을 대신해 기내 청소, 수화물 운반을 하는 등 직원을 아끼는 모습을 적극적으로 보여주기도 했습니다.

사우스웨스트 항공의 내부 마케팅은 성공적이었습니다. 만족한 직원의 서비스 수준은 높아졌고 소비자가 만족하며 사우스웨스트 항공의 서비스 수준은 세계 최고 수준에 올라설 수 있었습니다. 그 결과 사우스웨스트 항공은 2016년 기준 여객기 700여 대 보유했고, 미국 국내선 여객 수송인구 세계 1위를 차지했습니다. 직원의 복지를 높이는 것 이외에도 내부 마케팅을 할 수 있는 다양한 방법이 있습니다. 행사나 교육을 통해 직원에게 기업의 비전을 보여줌으로써 애사심을 높일 수도 있고, 향후 직원이 될 사람을 뽑는 면접에서 기업의 가치관이나 문화를 보여주고 전파하기도 합니다. 최근 기업은 코로나19 팬데믹 이후 사회적 거리 두기로 인해 내부 마케팅이 어려워지자, 메타버스에서 해답을 찾기 시작했습니다. 메타버스 내 가상의 공간에 면접 장소를 구현해 피면접자에게 도움을 줄 수 있는 다양한 가상 센터를 마련하기도 하고, 메타버스에서 신입사원 연수를 열기도 합니다. 이는 시간상, 공간상의 제약이 있는 오프라인 환경에서는 시도조차 하기 어려운 것이었습니다. 코로나19 팬데믹이라는 상황에서, 기업은 메타버스라는 해결책을 찾았고, 오히려 오프라인보다 더욱 효과적인 내부 마케팅을 할 수 있었습니다. 다음으로는 메타버스 시대, 내부 마케팅 사례에 대해 말씀드리겠습니다.

2.1_ 메타버스 면접

한화토탈에너지스

한화토탈에너지스는 코로나19 팬데믹으로 대면 면접이 어려워져, 한동안 화상회의 플랫폼을 통한 비대면 면접을 실시했습니다. 그러나 이는 면접자와 피면접자 간 소통 등 면접 운영에서 어려움이 있었습니다. 한화토탈에너지스는 문제점을 해결하고자 메타버스를 활용하기 시작했습니다. 게더타운에 가상면접장을 구현함으로써 말이죠. 한화토탈에너지스는 지원자에게 회사를 처음 방문한 것과 같은 느낌을 주기 위해 가상면접장에 석유 화학 공장을 구현했습니다. 그리고 면접실과 면접 대기실도 구현했죠. 또한 오프라인 면접과 달리 메타버스에서 구직자들은 면접 대기 중에 회사에 대한 정보를 다양한 콘텐츠로 접할 수 있습니다. 한화 토탈에너지스 인사담당자는 "가상 면접장은 지원자들이 면접장에 오고 가는 물리적인 이동의 불편함을 없앨 뿐만 아니라, 대면 면접에 대한 부담감을 덜고 편안한 분위기에서 본인의 역량을 발휘하는 데에도 도움이 될"이라고 하며, 메타버스를 통한 면접의 효과를 이야기하였습니다.

세븐일레븐

세븐일레븐은 2021년 하반기 신입사원 채용 면접을 게더타운에서 진행하였습니다. 세븐일레븐이 메타버스 면접을 도입한 이유는, 코로나로 인해 오프라인 채용 행사가 어려워지며 디지털에 익숙한 MZ세대 구직자와 소통하기 위함에 있었습니다. 지원자들은 게더타운 내 세븐일레븐 채용면접장인 '세븐타운(SEVEN TOWN)'에 아바타로 입장한 후 면접장으로 들어가 화상 면접을 보게 됩니다. 세븐타운 내부에는 면접장, 회사 소개 영상 상영관, 주요 직무 소개 인터뷰, 채용 전형 일정 안내, 채용 Q&A 등 다양한 부스가 마련되어 있습니다. 이러한 콘텐츠가 있기 때문에, 면접을 기다리는 대기 지원자들은 심심하지 않게 면접을 기다릴 수 있습니다. 세븐일레븐 관계자는 이와 관련하여 "코로나19 여파로 기업 전반에 비대면 채용 전형이 확산됨에 따라 하반기 신입사원 채용 과정에 메타버스를 활용한 전형을 이번에 새롭게 도입하게 됐다"며 "향후 면접을 비롯해 채용설명회, 신입사원 연수, 교육실습 등 채용 과정 전반에 메타버스 기술을 적극 활용할 계획"이라고 말했습니다.

2.2__ 메타버스 신입사원교육

롯데건설

롯데건설은 2021년 10월 25일부터 10월 29일까지 4일간 게더타운에서 신입사원 입문 교육을 진행했습니다. 롯데건설은 신입사원의 대부분이 MZ세대라는 점을 감안해 그들에게 친숙한 메타버스를 이용한 것입니다. 그리고 코로나19로 인한 비대면 교육의 한계도 극복할 수 있죠. 신입사원들은 가상공간에서 자신의 아바타로 음성 대화, 화상 연결, 화면 공유 등을 통해 동기와 자유롭게 소통하며 다양한 교육프로그램에 참여했습니다. 그리고 롯데 건설은 이곳에서 초청 강연, 경영진 축하 메시지를 전달했으며 사원들의 참여를 위해 랜선 여행과 운동회, 미니게임 등 다양한 체험 행사를 제공했죠. 가상공간에서 넷플릭스 드라마 〈오징어 게임〉 속 게임을 즐길 수 있도록 별도 공간을 구현해 사원의 만족도를 높이기도 했습니다. 노력의 결과는 성공적이었습니다. 신입사원 연수 후 실시한 설문조사에서 신입사원의 대부분이 메타버스를 통한 교육 방식이 동기 간 네트워킹에 효과가 있었다고 답하였고, 한 신입사원은 "코로나로 인해 동기들과 친해질 기회가 없을 줄 알았는데 비록 가상공간이지만 동기들과 함께 교육받는다는 느낌을 받았고, 대학 시절 들었던 온라인 수업과 달리 흥미롭게 교육에 집중할 수 있었다"고 말했습니다. 그리고 롯데 건설 관계자는 "향후 MZ세대의 눈높이에서 소통할 수 있도록 메타버스를 활용한 사내 교육을 지속적으로 확장해 나갈 계획"이라고 밝혔습니다.

LG화학

LG화학은 그동안 매년 오프라인으로 신입사원 교육 연수를 진행했습니다. 그러나 코로나 팬데믹이 찾아오며 2021년에는 새롭게 메타버스에서 진행했습니다. LG화학은 약 142명의 신입사원에게 실제 여의도 본사에서 교육받는 듯한 느낌을 주기 위해 트윈타워부터 여의도 한강공원까지의 실제세계를 메타버스에 구현했습니다. 그리고 대강당, 강의실, 직무 교육 수강방, 휴게실, 심지어는 식당도 구현했죠. 메타버스 연수에서 신입사원들은 아바타로 가상공간을 돌아다니며 곳곳에 배치된 직무 정보와 회사 생활 팁을 교육받습니다. 신입사원은 가상 세계에서 자신을 대변하는 아바타가 존재하니, 현장감을 느낄 수 있었습니다. 신입사원은 조원 간 화상 채팅 등을 통해 조별 과제를 해결했고, 강당까지 말소리가 퍼지지 않는 상담실에서는 현업 선배와 고민을 나눌 수도 있었습니다. 결과적으로 LG화학은 대면이 어려운 상황 속 메타버스를 활용해 성공적으로 신입사원 교육 연수를 진행할 수 있었습니다.

삼성전자

삼성전자는 2013년부터 분기별로 협력회사 신입사원 교육을 진행했고, 코로나19 팬데믹으로 인해 2020년부터는 비대면으로 운영했습니다. 그리고 2022년에는, 실재감과 현장감, 몰입감, 참여도를 높이기 위해서 게더타운을 활용했습니다. 삼성전자는 게더타운 내에 삼성전자 협력회사 전용 연수원인 '상생협력아카데미'를 메타버스로 구현한 '상생생협력타운'을 만들었습니다. 상생생협력타운에는, 실제 상생협력아카데미 못지않은 다양한 공간이 있습니다. 공간은 학습공간인 대강당, 강의장, 실습장, 분임장과 휴식공간인 뮤지엄, 산책로, 아트갤러리, 휴게존 등으로 구성됩니다. 이곳에서 사원들은 자신의 아바타로 모든 공간을 이동할 수 있으며 강사 등 다른 아바타와 질의응답을 주고받을 수 있었습니다. 또한, 삼성전자는 메타버스에 아바타로 할 수 있는 〈오징어 게임〉, 〈스트릿 우먼 파이터〉 등 여러 게임을 구현했고, 신입사원 때의 꿈이나 목표를 캘리그래피로 만드는 행사를 진행해 교육에 재미를 더했습니다.

2.3__ 메타버스 채용 설명회

삼성바이오로직스

삼성바이오로직스는 2022년 메타버스에서 채용 설명회를 진행했습니다[그림 54]. 삼성바이오로직스는 공식 홈페이지와 SNS 채널에 메타버스 채용 설명회 홍보 포스터를 게시했고, 포스터 내 QR코드를 통해 참가 신청한 사람을 대상으로 메타버스 접속 주소와 입장 코드를 제공했습니다. 채용설명회는 2022년 9월 6일부터 14일까지 진행되었습니다. 이때, 놀라운 점은 설명회가 24시간 운영되었다는 점입니다. 메타버스를 통해 시간상의 제약을 완전히 허물어 버린 것입니다. 메타버스에 구현된 가상의 채용설명회장에는 약 8만 3,000평 규모의 인천 송도 사업장과 주요 시설이 사실적으로 구현되어 있어 회사 전경, 생산시설, 그리고 기숙사, 병원, 카페 등 복지시설 등을 한눈에 둘러보는 것이 가능했습니다. 메타버스 내 방문객이 가상의 실험실로 이동하는 동선에서는, 동선에 따라 재직자가 관련 직무에 대해 상세히 설명해 주는 '삼바올래길'콘텐츠가 마련되어 직무에 대한 이해를 도왔습니다. 삼성바이오로직스는 메타버스에서 라이브 토크 콘서트를 진행하기도 했습니다. 그리고 채용 과정에 관해 설명하고 면접 경험을 공유하는 시간도 가졌습니다.

[그림 54] 삼성바이오로직스 메타버스(출처: 삼성바이오로직스)

2.4__ 메타버스 안전 교육

맥도날드

맥도날드는 매년 식품안전의 날(5월 14일)에 푸드 세이프티 타운홀을 시행하여 식품 안전에 대한 중요성을 되새깁니다. 맥도날드는 2022년에 푸드 세이프티 타운홀을 메타버스 공간에서 시행하였습니다[그림 55]. 임직원 약 2,100명이 참가했으며, 이들은 맥도날드 매장을 테마로 한 메타버스에 입장해 여러 공간을 방문하며 개인 위생, 설비, 공급사 식품안전, 식품 보관, 조리 절차 등 식품안전 주제의 교육 콘텐츠를 시청했습니다. 이 외에도 맥도날드는 우수 관리 매장 팀 인터뷰, 맥도날드 협력업체의 식품 안전 이야기 청취 등의 시간을 가졌습니다. 2022년 푸드 세이프티 타운홀의 주제는 '식품안전 언제나 함께'였습니다. 주제 속 '함께'라는 글처럼 수많은 인원이 메타버스에 모여서 함께 식품 안전을 되새길 수 있었습니다.

한국 맥도날드 관계자는 "올해 푸드 세이프티 타운홀은 직원들이 메타버스에서 직접 체험, 소통하며 식품안전 규칙을 학습할 수 있어 더 특별하다"며 앞으로의 메타버스를 예고하였습니다.

[그림 55] 맥도날드 메타버스 푸드 세이프티 타운홀(출처: 한국맥도날드)

메타버스 마케팅 광고 미디어 가능성

2.5__ 메타버스 가상 오피스

직방

직방은 2021년 7월 코로나 팬데믹에 대응하며 '메타폴리스'를 오픈했습니다[그림 56]. 메타폴리스는 총 30층으로 이루어진 가상 오피스입니다. 각 층의 정원은 300명으로, 직방의 모든 직원이 들어가기에 충분한 공간입니다. 가상의 공간에는 홍보 스크린, 대 회의실 등 실제 회사에서 갖추고 있는 공간이 모두 구현되어 있습니다. 직원들은 아바타의 이름과 생김새를 설정한 뒤에 메타폴리스에 입장합니다. 아바타의 머리 위에는 이름과 소속팀을 알려주는 글씨가 떠 있습니다. 직방의 직원들은 가상의 사무실에서 회의를 하고, 다 함께 빔프로젝터를 보기도 합니다. 또한 메타폴리스는 실재감을 높이기 위해 거리감도 적용했습니다. 아바타가 서로 가까이 있으면 아바타를 움직이는 실제 사람의 얼굴이 표시되지만, 멀리 떨어지면 점차 얼굴이 작게 보이다가 보이지 않게 됩니다. 그리고 소리도 아바타가 가깝게 위치해 있으면 크게 들리고, 멀면 작게 들립니다. 직방은 현재 메타폴리스를 기업의 협업 툴 위주로 사용하고 있지만 향후 더욱 규모를 키워 디지털 도시로 확대할 계획입니다. 향후 메타버스 시대가 활성화되면 직방은 메타폴리스 내 일부 공간을 임대하여 임대료도 받을 수 있을 것입니다. 실제 최근 메타폴리스의 1층 로비에 설치된 전광판에는 롯데 건설의 광고가 나오기도 했습니다. 현재 직방은 메타폴리스 30층 중 4층을 제외한 나머지 층에 기업을 입주시킬 계획입니다. 한 층에 300명 정원이기에 대기업의 입주도 가능할 것으로 보입니다. 그리고, 입주하는 각 기업들은 자사의 분위기, 문화에 맞게 실내를 디자인할 수도 있습니다.

국내에 메타폴리스가 있다면, 해외에는 소마(Soma)가 있습니다. 직방은 메타폴리스를 세계적으로 확대하기 위해 2022년 5월 20일 글로벌 플랫폼 소마를 출시했습니다. 소마(Soma)란, 트위터와 에어비앤비 등 글로벌 규모의 스타트업이 모여있는 샌프란시스코의 마켓스트리트 남부 지역을 의미합니다. 소마에 아바타로 접속하면, 샌프란시스코가 연상되는 건물과 배경이 있습니다. 그리고 이곳에

[그림 56] 메타폴리스(출처: 직방)

는 30층 높이의 빌딩 '프롭테크타워', 6개 홀을 갖춘 복합 공간 '42 컨벤션센터' 등 다양한 건물이 있습니다. 소마 론칭 당시 아워홈, AIF 등 20개 기업이 소마에 입주했고, 소마에 매일 출근하는 인원은 약 2,000명 이상으로 활발하게 운영되었습니다. 또한 소마에는 AFK모드라는 사용자의 음성을 차단해 주는 기능이 있고 스크린 쉐어라는 사용자의 화면을 공유할 수 있는 기능도 있습니다. 이를 통해 발표 시 자료나 화면을 공유할 수 있고 상대에게 나의 캠 화면을 공유할 수도 있습니다.

생산 및 운영에 활용하다

3.1__ 디지털 트윈

어벤져스에서 토니 스타크는 어떻게 아이언맨 슈트를 만들어 냈을까요? 토니 스타크조차도 슈트를 만들 때 시행착오는 필요했습니다. 토니 스타크는 실제 슈트를 만들기 전에 수십번, 그리고 수백 번 가상으로 시뮬레이션했습니다. 불필요한 부분을 떼어내기도 하고, 사고가 발생하리라 예측되는 부분은 사전에 보완하기도 했죠. 그리고 그 결과로 어떤 총에도 뚫리지 않는 슈트를 만들어 낼 수 있었던 것입니다.

현실을 복제해 가상에 똑같은 환경을 만들어 내는 것. 그리고 가상을 활용해 현실을 개선하는 것. 바로 이것이 디지털 트윈을 통한 혁신입니다.

디지털 트윈은, 현실의 물리적 세계와 가상의 디지털 세계가 데이터를 중심으로 연결돼 마치 쌍둥이처럼 함께 작용하고 상호작용하는 것을 의미합니다. 디지털 트윈의 핵심은, 단순히 가상현실을 구현하는 것 이상으로 현실을 사실적으로 반영하는 것에 있습니다. 2010년 나사(NASA)의 우주선 물리 모델 시뮬레이션에서 디지털 트윈 기술이 최초로 사용되었습니다. 인간이 경험해 보지 못한 우주라는 환경에서 동작하는 우주선을 만들기 위해선, 우주환경을 가상에 똑같이 구현해 실험해 볼 필요가 있었던 것이죠. 디지털 트윈 기술을 활용하면 토니 스타크가 슈트를 가상에 구현한 것처럼 현실의 사물을 가상에 구현해 현실에서 해야 할 시행착오, 시뮬레이션을 가상에서 할 수 있습니다. 그리고 가상공간에서 도출한 실험의 결과를 다시 현실에 적용해 문제를 개선할 수 있죠.

디지털 트윈은 제조 공정에만 국한된 것이 아닙니다. 마케팅 전략, 세일즈, 그리고 각종 교육과 기술의 훈련 등 기업의 전반적인 영역에서 적용될 수 있습니다. 디지털 트윈의 영역은 점점 더 넓어지고 있고 전 세계 디지털 트윈 플랫폼 시장은 2030년에 1,000억 달러의 규모로 성장할 것으로 예상되고 있습니다.

디지털 트윈 기술이 더욱 발달하면, 인구, 환경 등 현실세계를 똑같이 가상으로 구현할 수 있을 것입니다. 이를 통해 현실에 적용할 정책을 가상에 미리 도입해 그 효과를 알 수 있을 것이고, 각종 자연재해 시뮬레이션, 경제 위기 시뮬레이션 등이 가능해져 인류는 위험에서 한 단계 벗어날 수 있을 것입니다.

디지털 트윈은 친환경과 가깝습니다. 제조업에서는 디지털 트윈을 통해 불필요한 실험과, 시제품의 생산을 줄일 수 있습니다. 과거 신차 출시를 위해선 수백, 수천 대의 시제품 차량이 필요했지만

이제 모든 것은 가상에서 이루어지는 것이죠. 또 다른 예로, 글로 벌 제약사인 사노피는 생산설비에 디지털 트윈을 적용했고 그 결과 화학물질 발생량을 크게 줄일 수 있었습니다.

현대차: 메타팩토리를 구현하다.

메타팩토리란, 메타버스와 팩토리의 합성어로 메타버스에 스마트팩토리를 구현한 것을 의미합니다. 메타팩토리의 핵심은 디지털 트윈에 있습니다. 실제 공장을 가상으로 똑같이 구현하는 것이죠. 현대차는 싱가포르에 부지 4만 4,000㎡, 연면적 9만㎡, 지상 7층 규모의 싱가포르 글로벌 혁신센터를 건립하고 있고, 2025년까지 메타팩토리의 구축을 완료한다는 계획을 갖고 있습니다[그림 57]. 메타팩토리의 발전 단계는 총 5가지로 구성됩니다. 1~2단계에선 공장의 구성, 설비 등을 디지털 공간에 똑같이 복사할 수 있습니다. 3~4단계에선 가상의 시뮬레이션, 생산 설비 최적화가 가능하고 5단계에선 시뮬레이션을 통해 공장이 스스로 문제를 찾아 해결하는 등, 공장의 자율적 운영이 가능합니다.

메타팩토리의 예상되는 효과로는 크게 세 가지가 있습니다. 첫째, 생산공정 설계의 가속화입니다. 메타팩토리에서는 실제로 공장을 가동하지 않더라도 최적의 가동률을 계산할 수 있게 되고 여러 상황을 시뮬레이션할 수 있기 때문에 비용의 절감과 시간의 가속화라는 효과가 있습니다. 둘째, 위험의 감소입니다. 현장에 투입

되어야 하는 직원의 수가 감소하고 대신 메타팩토리에서 가상현실을 바탕으로 공장을 관리하는 인력의 수가 늘어날 것입니다. 이는 곧 현장에서 발생하는 위험의 감소로 이어집니다. 또한, 공장의 상황을 가상공간으로 한눈에 볼 수 있기 때문에 문제가 발생했을 때 그 원인을 찾는 속도가 증가하고, 위기의 예방이 더욱 수월해질 것입니다. 셋째, 제품 개발 속도의 증가입니다. 제품을 실제로 제작해 보지 않더라도 시뮬레이션을 통해 제품을 가상으로 생산할 수 있습니다. 따라서 개발에서 발생하는 시행착오가 줄어들 것이고, 현실에서 하는 것보다 훨씬 많은 양의 시뮬레이션을 할 수 있기에 제품의 완성도가 높아질 것입니다.

[그림 57] 현대차 싱가포르 글로벌 혁신센터 조감도(출처: 현대 자동차)

마세라티: 디지털 트윈을 생산 공정에 적용하다.

2012년, 마세라티의 자동차 판매량은 6,288대에 불과했습니다. 그런데, 불과 1년 뒤인 2013년, 자동차 판매량은 6.6배 증가해 4만 2,100대가 되었습니다. 그리고 마세라티의 매출액은 2012년 6조 3,400억에서 2016년 34조 7,900억으로 약 5배 이상 늘어났죠. 무엇이 마세라티를 변화시켰을까요? 2012년으로 거슬러 올라가 보겠습니다. 2012년 5월 마세라티의 CEO인 하랄트 베스터는 2013년까지 차의 성능은 높아지되, 가격은 절반 이하로 낮은 신차를 내놓겠다고 전 세계 자동차 시장에 선전 포고했습니다. 성능이 향상되면 가격도 증가한다는 것이 당시의 논리였기 때문에 업계에서는 코웃음만을 보였죠. 그러나 1년 뒤인 2013년 9월, 마세라티는 신차 '기블리'를 출시하며 시장의 판도를 바꾸기 시작합니다. 그리고 엄청난 효율과 가격으로 빠른 성장을 일궈냈습니다. 마세라티의 성공 비결에는 디지털 트윈이 있었습니다. 마세라티는 자동차 모델 기블리를 개발하는 과정에서, 가상공간에 기블리를 구현했습니다. 그리고 가상공간과 현실공간을 오가며 공정을 최적화해 그 효율을 높였고 개발을 위한 공간과 비용 또한 크게 줄었습니다. 그 결과 본래 30개월이 넘게 걸릴 것으로 예상되었던 개발 기간은 그 절반인 16개월로 단축됐습니다. 또한 마세라티는 현실에서 어려운 테스트를 가상에서 수없이 진행하며 기블리의 성능을 높였죠. 그렇게 가격은 저렴하지만, 성능은 뛰어난 기블리가 탄생한 것입니다.

기블리를 탄생시킨 마세라티에게는 판매라는 마지막 과제가 남아 있었습니다. 마세라티는 판매에서도 평범하지 않았습니다. 당시 소비자의 맞춤형 제품 요구가 지속되던 시기였습니다. 마세라티는 이를 놓치지 않고 소비자를 가상공간에 초대하는 혁신을 보였습니다. 마세라티는 기블리의 27가지 세부모델, 13가지 색상, 205가지 추가 사양을 가상공간에 구현한 뒤 소비자에게 오픈했습니다. 그리고 소비자가 세부모델, 색상, 추가 사양을 조합해 원하는 기블리를 가상에 구현할 수 있게 했습니다. 그 결과 소비자는 자신이 원하는 조합의 자동차를 가상으로 만들어 체험해 볼 수 있었습니다. 구매를 미루던 소비자도 원하는 조합의 자동차를 체험하자 과감히 구매하기 시작했고, 마세라티의 매출은 급격히 증가했습니다. 이처럼 마세라티는 성장 배경에는 디지털 트윈 기술이 있었습니다.

보잉: 메타버스를 활용해 비행기를 만들다

1990년 보잉사의 엔지니어인 톰 커델은 항공기를 조립할 때 부품위치를 바로 확인할 수 있도록, 부품 위치를 HMD를 통해 확인시켜 주는 장치를 개발했습니다. 그리고 이것은 논문에서 소개되며 최초의 증강현실로 주목받았습니다. 보잉사는 여기서 멈추지 않았습니다. 보잉사는 30년이 지난 오늘날에도 더욱 발전된 메타버스를 활용해 다양한 분야에서 효율을 높이며 꾸준한 발전을 도모하고 있습니다. 비행기는 가격이 높은 만큼 쉽게 공정을 연습해 볼 기회가 없는데요, 보잉은 이러한 한계점을 증강현실을 통해 해결합니다. 보잉은 AR을 통해 훈련생에게 항공기 날개를 조립하는 방법을 실감 나게 보여주고, 가상에서 많은 경험을 해볼 수 있도록 도왔습니다. 그 결과 훈련생이 작업 수행에 걸리는 시간은 크게 단축될 수 있었죠. 또한 보잉은 가스터빈과 복잡한 배선의 조립 과정에서도 AR글래스를 활용했습니다. 그 결과 항공기 날개 조립과 가스터빈 작업에서 작업 시간을 단축할 수 있었습니다. 1990년부터 증강현실을 활용한 보잉사, 그들이 만들어 낼 미래의 비행기가 기대됩니다.

메타버스의 양면성

메타버스는 새로운 시대가 될 것입니다. 그러나 현재 매우 빠르게 발전하고 있기 때문에 메타버스가 가져올 어두운 면에 대한 준비가 부족한 것도 사실입니다. 빠른 발전 속도를 법률적으로, 제도적으로, 기술적으로 따라오기는 힘들기 때문입니다. 메타버스가 가져올 수 있는 문제점으로는, 정보의 격차, 기술의 오남용, 메타버스 내 신종 범죄, 메타페인의 양상이 있습니다.

다음으로는 메타버스가 가져올 양면성을 소개해 드리겠습니다.

정보의 격차

"어르신, 은행 업무 보시려고요? 제페토 아이디 있으시죠? 제페토에 접속해서 은행 월드에 들어가시고…"

"…"

과거 인터넷이 등장했을 때, 그리고 얼마 지나지 않아 스마트폰이 등장했을 때, 혁신은 우리에게 편리함과 동시에 혼란을 가져다주었고 세대 간 정보격차로 인한 불협화음과 다툼이 찾아왔습니다. 지금 메타버스는 과거 인터넷, 스마트폰보다도 빠르게 발전하고 있습니다. 빠른 발전 속도는 과거에 경험하지 못한 커다란 정보의 격차를 불러올 수 있습니다. 그렇다면 현시점 메타버스에 대한 세대 간 차이는 어떨까요?

[그림 58]은 Dighty에서 Android 이용자 약 2천 8백만 명을 대상으로 메타버스 앱인 로블록스, 마인크래프트, 제페토, 동물의 숲의 설치 수를 분석한 자료입니다. 분석 결과 10대 이하에서 설치자의 수가 가장 높았고, 그다음으로는 40대가 높은 비중을 차지했습니다. 이는, 메타버스 앱의 주 사용자는 10대이나, 이들의 교육을 목적으로, 혹은 소통을 목적으로 하는 부모 세대가 동시에 앱을 사용하고 있다는 것으로 추측할 수 있습니다. 재미있는 점은, 20대

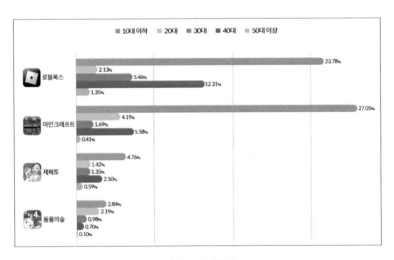

[그림 58] 메타버스 앱 이용률(출처: Dighty)

의 앱설치 비중은 예상보다 낮다는 점입니다. 이를 통해 앞으로는 10-20대 vs 40-50-60대의 세대 간 정보 격차뿐 아니라 10대와 20대 사이에서도 정보 격차가 발생할 수 있다고 예측할 수 있습니다.

현재 어떤 세대와 비교해도 Z세대의 메타버스 이용량은 월등히 높습니다. 미국 Z세대의 55%가 메타버스의 로블록스에 가입하고, 하루 평균 2.6시간을 사용한다고 합니다. 이는 유튜브의 3배, 페이스북의 7배에 달하는 높은 이용 시간입니다. Z세대는 1998년생부터 2006년생을 의미하는데, 이들의 나이는 현재 14살에서 26살입니다. 20년 뒤 대부분의 산업을 이끌 세대는 Z세대이기에 향후 Z세대를 중심으로 정보의 격차는 더욱 심화될 것입니다. 정보의 격차를 사전에 방지하고, 최소화하기 위해서는 다양한 기관에서 메타버스를 중심으로 하는 세대 교육을 실시해야 할 것입니다. 그리고 개인의 영역에서는 꾸준히 메타버스를 업무, 게임, 일상에 활용하며 미래를 준비한다면, 앞으로 다가올 메타버스 시대에서 정보 격차를 초월하여 시대를 이끌 수 있을 것입니다.

디지털 성범죄

경기도에 사는 아버지인 김영만 씨는, 오늘도 직장에서 힘들게 일한 뒤 치킨 한 마리를 들고 집으로 향합니다. 도어락 소리와 함께 집으로 들어왔으나, 딸의 소리가 전혀 들리지 않습니다. 이상한 기운에 딸의 방문을 열자, 딸은 아무것도 모르는 표정으로 메타버스를 즐기고 있습니다. 그러나 그 순간 아버지 김영만 씨의 눈에 띈 것은 메타버스 채팅창이었죠. "속옷 사진 찍어서 올려줘", "저기 아바타 룸에 들어가서 나랑 하자", "옷 벗어봐" ···. 김영만씨는 마치 냉동인간이 된 것 같은 충격으로 한 동안 움직일 수가 없었습니다.

김영만 씨는 딸을 사랑하는 마음만으로 아이를 디지털 성범죄로부터 보호할 수 있을까요? 위험에 노출된 이는 김영만 씨의 자녀뿐이 아닙니다. 십 대 여성인권센터 사이버 또래 상담팀은 2022년에 아동, 청소년 아바타를 통해 제페토에 접속해 성 착취 정황을 확인했습니다. 그 결과 성인 남성으로 추정되는 사람들은 청소년 아바타에게 접근해 성적 학대, 신체 사진 전송을 요구하기도 했고, 성적 목적의 대화를 유도하기도 하였으며, 심지어는 자신의 성기 사진을 보내기도 했습니다. 이 외에도 오늘날 메타버스에서는 무수히 많은 성범죄가 발생하고 있습니다.

메타버스 이용자의 대다수가 10대인 만큼, 메타버스는 디지털 성범죄로부터 취약점을 앉고 있습니다. 한국 여성 인권 진흥원에 따르면 2018년부터 4년간 디지털 성범죄를 당한 피해자 중 38.3%가 10대 피해자로, 이는 전 연령대 중 가장 큰 비중을 차지했습니다. 또한 10대는 성인보다 판단 능력이 낮기 때문에, 어떠한 추행을 당하더라도 신고로 이어지지 않을 수 있습니다. 만약 신고하더라도, 현행법상 메타버스 내 아바타가 추행당하는 것은 실제 사람이 추행당하는 것과 동일시 하기 어려워 법적 조치를 취하기에는 어려움이 있는 상황입니다. 그러나, 아바타는 사이버 세계에서 활동하는 자신의 분신입니다. 실제로 어린아이들은 현실과 온라인을 구분하지 못해 메타버스 내에서 성추행을 당할 시 상상 이상의 심리적 트라우마가 생길 수 있습니다. 메타버스 시대의 범죄를 예방하기 위해 현재 다양한 기관에서는 메타버스 관련 법 개정을 추진하기도 하고, 예방 시스템을 고안하기도 하며 노력을 기울이고 있습니다. 변화와 발전의 속도가 빠른 만큼 다양한 곳에서 잡음이 들려올 수 있습니다. 그러나, 잡음을 잡음으로써 간과하지 않고 적극적으로 해결하고자 한다면 위험을 방지할 수 있을 것입니다.

메타페인

"안녕하세요. 여러분! 여기 여러분을 위한 상품을 가져왔습니다! 출근? 집에서 일할 수 있게 해드리겠습니다. 쇼핑? 은행업무? 게임? 영화? 운동? 수익창출? 심지어 연애까지! 모든 것은 당신의 아바타만 있으면 할 수 있습니다."

우리는 메타버스의 경험해보지 못한 효율성이라는 유혹에서 벗어날 수 있을까요? 코로나 학번이라는 말이 있습니다. 코로나 학번이란, 대학입학과 동시에 코로나를 경험하여 재택으로 온라인 수업을 수강한 대학생을 의미합니다. 코로나 학번은 처음에는 답답했으나 시간이 지나며 온라인 수업의 편안함에 익숙해져 갔습니다. 그러나 이후 코로나 사회적 거리 두기는 해제되었습니다. 코로나 학번이 학교에 도착했을 때, 다양한 대학 커뮤니티에서는 대학 생활 적응이 어렵다는 내용의 글이 쉴 새 없이 올라왔습니다. 그들은 가만히 앉아 있어야 하는 오프라인 강의에 적응하기 어려워했고, 타인과의 교류도 힘들어했죠. 그리고 집에서 하던 온라인 수업과 채팅을 통한 사회적 교류를 그리워했습니다.

직장인도 마찬가지입니다. 사회적 거리 두기로 인해 기나긴 재택근무를 경험한 직장인은 재택근무, 집에서 하던 쇼핑, 주문, 은행 업무 등을 잊지 못하고 있습니다. 만약 앞으로 메타버스가 더욱 활성화되어 코로나 팬데믹 당시 경험한 것보다 훨씬 더 높은 효율로 찾아온다면 어떻게 될까요? 아마 메타버스에 자체적인 경제 생태계가 구성되어 있기에 꾸준한 수익의 창출이 가능하고 더욱 메타버스 밖으로 나가야 할 필요가 없어질 수 있습니다. 그리고 사회에는 메타버스 중독을 겪는 사람인 '메타페인' 문제가 대두될 수 있습니다.

개인정보 침해의 위험성

메타버스에서는 다양한 개인정보 침해가 발생할 수 있습니다. 물론, 메타버스라서 발생한다기보다는 아직 발전 단계이기에 개인정보 침해에 대한 조치가 완전히 구성되어 있지 않아서 발생하는 문제라고 볼 수 있습니다. 한 예로 로블록스에서는 많은 해킹 사례가 있습니다. 2021년 4월에는, 누군가가 로블록스 내 공식 Admin

계정을 해킹했습니다. 로블록스는 해킹당했다는 사실을 바로 인지하지 못했습니다. 그리고 해커가 공식 계정을 통해 다른 사용자에게 피해를 준다는 사실이 밝혀지고 나서야 해당 계정을 삭제했습니다. 또한, 2022년 초에는 세계 최대 NFT 거래소인 오픈씨에서 약 20억 원 규모의 NFT가 외부로 유출된 사고가 발생하기도 했습니다. 아직 발생하지 않았지만, 잠재적인 개인정보 침해 위험성도 높습니다. 우리는 메타버스 시대에 다양한 첨단 기기를 사용할 것입니다. 그러나 메타버스 접속을 위해 착용하는 HMD 등 기기를 통해서도 개인정보 침해가 발생할 수 있습니다. 해커는, HMD에 부착된 카메라를 해킹하여 주민등록증, 주소, 신용카드, 계좌번호 등 사용자의 주요한 정보들을 해킹할 수 있는 것이죠.

아바타 움직임의 생생함을 더하고자 사람의 움직임과 아바타의 움직임을 연동시키기도 합니다. 이 경우, 사용자의 제스처, 시선, 목소리, 생체정보, 심지어는 사용자의 평소 행동 패턴이나 위치 등 기존에 해킹으로 알기 어려웠던 정보의 해킹이 가능해질 것입니다. VR, AR 단말기만 하더라도 카메라, 마이크, 표정 인식 센서 등이 부착되어 있죠. 앞으로 메타버스에서 보내는 시간이 점점 더 늘어남에 따라 해킹 피해는 더욱 커질 것입니다. 막대한 양의 데이터가 가상공간에 수집되는 메타버스 시대에서 우리는 더욱 개인정보의 침해에 대해 주의하고 신경 써야 할 것입니다.

지금까지 살펴본 메타버스의 양면성을 표로 정리하면 [표 3]과 같습니다.

[표 3] 메타버스의 양면성

메타버스의 양면성	설명
신종정보의 격차	• 메타버스의 발전은 Z세대를 중심으로 하는 정보 격차를 유발할 수 있음 • 메타버스 관련 교육을 통해 정보 격차를 예방할 필요가 있음
디지털 성범죄	• 메타버스는 누구나 이용 가능한 만큼 디지털 성범죄에 취약점을 가지고 있음 • 메타버스 관련 법 개정과 예방 시스템 구축 등 적극적인 대응이 필요함
메타페인	• 메타버스를 경험한 사람들은 온라인 환경에 익숙해지고 편안함을 느낌 • 이로 인해 오프라인에 대한 적응과 교류의 어려움이 생기며, 메타페인 문제가 발생할 수 있음
개인정보 침해의 위험성	• 메타버스에서는 HMD, AR/VR 등 다양한 경로로 개인정보 침해가 발생할 수 있음 • 예방을 위해 보안 기술 개발과 정부의 지원이 필요함

메타버스 마케팅 광고 미디어 가능성

에필로그

　과거 2000년대 수많은 실업자를 낳은 닷컴버블에서 살아남기 위해선 인터넷에 대한 이해가 필요했습니다. 그러나 닷컴버블 당시에는, 인터넷 검색 포털, SNS 등 네트워크가 형성되어 있지 않았기에 배우는 기회도 적었고, 인터넷을 준비하기에는 턱없이 부족한 환경이었습니다. 하지만, 어려운 환경 속 한발 나아가 인터넷에 대해 조금 더 관심 두고 이해하고자 노력한 사람들에게 닷컴은 버블이 아닌 기회였습니다.

　단언컨대 지금 메타버스는 가장 뜨거운 이슈입니다. 어쩌면, 2000년대를 휘저었던 닷컴보다 더할지도 모릅니다. 전 세계를 마스크 대란으로 빠뜨렸던 코로나 팬데믹이라는 위기, 그 엄청난 질병이 불러온 강제적 비대면 상황은 온라인을 기반으로 하는 메타버스의 발전에 박차를 가했죠. 기회를 놓치지 않고 다양한 기업은 메타버스를 테마로 사업을 시작했고 기존의 광고가 어려워진 기업들은 메타버스를 통해 광고를 시도하고 있습니다. 그리고 예상보다 메타버스 광고는 큰 효과를 발휘하고 있습니다. 코로나 팬데믹은 끝나가고 있습니다. 그러나, 코로나 시대에 경험한 메타버스의 효과와 효율은 팬데믹과 함께 사라지지는 않을 것입니다.

닷컴버블 때처럼 메타버스는 그들만의 리그일까요? 아닙니다. 닷컴버블의 경험과 유산으로 우리는 뛰어난 검색포털과 SNS를 통해 보다 쉽게 메타버스를 접하고 이해할 수 있는 환경을 얻었습니다. 그리고 1990년대보다 진화한 ICT 메타버스 시대를 대비할 기회를 제공하고 있습니다.

당신에게 메타버스는 버블인가요? 아니면 새로운 기회인가요? 이 책을 읽어주신 모든 분들이 메타버스라는 새로운 기회에 한 발짝 더 다가섰으리라 생각합니다.